범죄자를 끝까지 추적해 검거하는

형사

KB192481

범죄자를 끝까지 추적해 검거하는

형사

윤석호 지음

POLICE LINE DO NOT CROSS

"형사는 마음이 아니라 행동으로 정의를 실천한다!"

DETECTIVE

TALK SHOW

"
악이 승리하는 유일한 조건은 선한 사람들이
아무것도 하지 않는 것이다.
"

- 에드먼드 버크 Edmund Burke

"
범죄는 빛을 두려워하고,
진실은 어둠을 두려워하지 않는다.
"

- 토머스 제퍼슨 Thomas Jefferson

범죄자를 끝까지 추적해 검거하는
형사

C·O·N·T·E·N·T·S

C·O·N·T·E·N·T·S

DETEC TIVE

형사 윤석호의
프러포즈

PROPOSE

안녕하세요. 청소년 여러분. 서울수서경찰서에서 근무하는 윤석호 형사입니다. 어렸을 때 저는 형사 같다는 소리를 많이 들었어요. 어리고 약한 아이들이 누군가에게 맞고 오면 저도 모르게 화가 나더라고요. 때로는 친구를 때린 형들을 찾아가 싸움을 한 적도 있었어요. 이유 없이 누군가 폭행을 당하는 장면을 보면 참지 못하는 성격이었던 것 같아요. 친구들이 저하고 함께 있으면 든든하다고 하고, 어른들도 제가 커서 형사가 되면 좋겠다고 하셨지요. 그래서인지 제 마음속에도 형사가 되고 싶은 꿈이 생겼고, 기회가 오자 고민할 것도 없이 바로 형사가 되는 길을 선택했답니다.

형사가 되려면 어떤 준비를 해야 하냐는 질문을 받으면 저는 형사는 정의로운 마음과 건강한 신체를 가져야 한다고 답해요. 정의롭지 못한 것을 보고 분노해야 하고, 망설임 없이 행동으로 정의를 실천해야 하는 직업이 형사예요. 범죄 현장에서 범인을 쫓는 과정에서 두려운 마음 또한 없어야 하는데요. 그러려면 신체가 건강하고 체력이 뒷받침되어야 합니다. 형사는 마음이 아니라 행동으로 정의를 실천하는 사람이기 때문이에요. 범인을 잡으려면 잠복근무하고 추적하고 때로는 몸싸움도 해야 하는데 그게 마음만으로 되는 일이 아니에요. 신체가 건강해야 지치지 않고 두려워하지 않고 사건을 해결할 수 있어요.

현대 사회는 형사가 해결해야 할 범죄 사건이 나날이 증가하고 있어요. 기존에 일어나는 사건뿐 아니라 사회가 발전함에 따라 신종 범죄도 끊임없이 발생하기 때문이에요. 그래서 저는 나와 이웃을 비롯해 모든 사람이 범죄 걱정 없이 안심하고 살기 위해 형사라는 직업이 꼭 필요하다고 생각합니다.

범죄 없는 사회, 안전한 사회를 이루는 버팀목이 될 여러분을 응원하며 기다리겠습니다!

첫인사

편 토크쇼 편집자
윤 윤석호 형사

편 영화 〈베테랑〉, 〈범죄도시〉 시리즈의 주인공 형사는 우리에게 깊은 인상을 남겼는데요. 오늘은 영화 속 형사의 실제 모델이신 분을 모셨습니다. 안녕하세요, 형사님.

윤 안녕하세요, 서울수서경찰서 형사과에서 근무하고 있는 윤석호입니다.

서울수서경찰서에서 근무하는
윤석호 형사

편 언제부터 경찰관으로 일하셨어요?

윤 1997년 경찰 공채에 합격해 경찰관이 되었으니, 경찰에 몸담은 지 올해(2024년)로 27년째를 맞이하고 있습니다. 저의 첫 소속은 서울경찰청 기동단 특수기동대였어요. 일반 경찰관 공채에 응시하지 않고 처음부터 특수기동대에 들어가려고 지원했지요. 그곳은 무도 2단 이상 보유자만 지원할 수 있는 곳으로 헬기 레펠(강하) 훈련도 하는 등 훈련의 강도가 높고 규율이 센 곳이에요. 레펠 훈련은 헬기에서 줄 타고 하강하는 훈련인데 현재도 경찰특공대에서 대테러 훈련의 목적으로 훈련하죠. 당시에는 테러 위협보다는 대학생들의 시위가 격렬했고, 여러 가지 이슈로 노동조합이나 사회단체들이 대규모 집회를 많이 열었어요. 그런 집회 중에서도 위험한 상황이라든가 사건이 발생한 곳에 특수기동대가 출동하곤 했죠. 특수기동대는 경비과 소속으로 대통령 경호도 맡았어요. 거기서 2년 근무하고 경찰관으로 파출소에서 근무하게 되었어요.

편 특수기동대에서 경찰관 생활을 시작하셨고 그다음엔 일반 경찰관이 되신 거네요. 그럼, 형사는 언제 되신 건가요?

윤 경찰관은 처음엔 모두 파출소나 지구대에서 근무해요. 저는 관악구에 있는 난우파출소에 발령받고 1년 정도 근무하다 형사과로 차출되었어요. 제가 유재석 씨가 진행하는 〈유퀴즈 온 더 블록〉이라는 TV 프로그램에서도 이야기한 적이 있는데요. 계기는 이렇습니다. 신입 경찰관으로 근무하는데 하루는 자정쯤 되었을 무렵 조직폭력배 무리가 난곡사거리 교차로를 막고 닭싸움하고 있다는 신고가 들어왔어요. 현장에 출동해보니까 정말 건달들이 네 방향 도로를 차단해 차량 통행을 막고, 사거리 한가운데서 네 명의 건달들이 2대2로 닭싸움을 하고 있는 거예요. 일단 건달들에게 도로에서 나오라고 좋게 말했죠. 술에 잔뜩 취한 건달들이 들은 척도 안 하고 신나게 닭싸움을 이어가더라고요. 그러니 어떡해요. 끌어내야죠. 그래서 육탄전이 시작됐어요. 처음엔 저와 다른 선배 경찰관 두 명이 건달 네 명을 상대했어요. 조금 있으니까, 사거리를 통제하고 있던 건달들이 달려들며 합세하더라고요. 때마침 서울 남부경찰서 강력반 형사들이 도착해서 난동을 부리는 건달들을 모두 잡아서 파출소로 데려갔습니다. 그때 강력반 팀장님이 저한테 "조그만 녀석이 삼단봉 잘 쓰네. 너 강력반으로 올 생각 없냐?" 이렇게 물으시더라고요. 그때가 파출소에서 근무한 지 6개월 정도 되었을 때예요. 다음 발령 때까지 6개월 기다렸다가 강력반에 지원해서 가게 되었습니다.

🔵편 그때 강력반 팀장님은 형사님의 어떤 모습을 보고 형사의 길을 권하셨을까요?

🔵윤 아마도 '깡'을 보고 권하지 않았을까 합니다. 요즘엔 그런 일이 많지는 않은데, 예전에는 범인이 어디 있다고 출동하라는 전화가 오면 막 쫓아가서 잡아야 했어요. 그러려면 잽싸면서도 본능적으로 깨어있는 감각도 필요한데, 저한테서 그런 걸 보신 것 같아요. 본인이 지원해서 형사가 되기도 하지만 이렇게 경력 있는 형사들의 눈에 띄어서 형사가 되는 경우도 많아요. 한마디로 인재를 발굴하는 건데요, 저도 요즘에 후배 경찰관 중에서 형사가 될 만한 자질이 보이면 권하고 있어요.

🔵편 영화 제작과는 어떻게 인연을 맺게 되셨어요?

🔵윤 우연한 계기로 영화 〈부당거래〉(2010년)가 제작될 때 형사 역할에 대해 자문했어요. 그때 류승완 감독님과 마동석 배우와 친해졌고, 그 인연이 영화 〈베테랑〉과 〈범죄도시〉로 이어졌지요.

🔵편 형사님이 모델이 된 영화를 보면 경찰의 '가오'가 떠올라요. 〈베테랑〉에서 황정민 배우가 연기한 역할은 돈에 매수되지도 않고 윗분들의 압력에도 굴하지 않는데, 그 이유를 형사의

'가오'라고 표현했더라고요.

윤 제가 경찰에 임용되었을 때 아버지가 굉장히 기뻐하셨어요. 소도 잡고 돼지도 잡아서 동네잔치를 했었죠. 그러면서 아버지가 "너한테 돈을 주면서 일을 봐달라고 하는 사람이 있어. 100억이나 200억쯤 준다고 하면 그 돈 먹고 경찰 그만둬도 돼. 먹고살 만하니까. 근데 지질하게 푼돈 받고 잘리지는 말자. 사내자식이 쪽팔리잖아."하고 말씀하셨죠. 그게 제 마음에 딱 와닿았어요. 그때도 그렇지만 지금도 형사한테 누가 사건 무마해달라고 100억을 주겠어요. 그런 일도 없을 거지만 아버지는 경찰이 '가오'가 있지, 쪽팔리게 돈 받고 사건 무마해 주는 비리 경찰은 되지 말라고 하신 말씀이었죠. 이런 이야기가 영화에서 그렇게 표현된 것 같아요. 17년 전에 아버지가 돌아가셨는데 지금도 그 말씀은 귀에 쟁쟁합니다.

편 아버지의 말씀이 형사님의 경찰 생활에 실제로 영향을 미쳤다고 생각하세요?

윤 제가 막 경찰관이 되었을 당시에는 경찰관에게 일을 봐달라고 청탁하는 사람들이 많았어요. 도로에서 신호 위반한 차량의 운전자로부터 뒷돈을 받는 경찰관의 모습이 뉴스에도 나오고, 청렴한 경찰 조직을 만들자는 이슈가 사회문제로 떠오

르기도 했었죠. 저는 그런 비리 경찰은 되고 싶지 않았어요. 그래서 경찰관이 되고 나서 길에서 만난 옛 친구가 뭐 하고 사냐고 물으면 그냥 회사 생활한다고 했지, 경찰관이라고 말도 안 했어요. 혹시라도 청탁하고 그럴까 봐요.

편 실제로 범죄를 저지른 사람들이 사건을 무마해 달라고 청탁하는 일도 있나요?

윤 예전에 비하면 많이 줄었지만 지금도 경찰관을 매수하려고 시도하는 사람들이 종종 있죠. 그런데 저한테는 안 통해요. 그런 시도를 하는 사람들한테 "죄송합니다. 못 봐 드려요"하고 말해요. 그러면 상대방이 "아니, 그래도 한 번만 어떻게 봐주시면 안 될까요? 제가 사례는 톡톡히 할게요"하고 사정하는 때도 있어요. 저는 들은 척도 안 하고 제 할 일을 하죠. 그러면 '저 사람이 단순 무식해 보여도 생각은 있는 놈이구나' 이렇게 여기는지 더 이상 봐달라고 안 하더라고요.

편 형사님은 말씀도 잘하시는데, 굉장히 재치가 있으세요. 그러면서도 상대방으로 하여금 얕잡아 보면 안 되는 형사님이구나 하는 인상을 주시는 것 같아요. 처음에는 농담하면서 범죄자의 긴장을 풀게 한 후 갑자기 허점을 찌르며 상대방을 제

🔗 마동석 배우와 함께

압하는 형사님의 모습을 금방 떠올릴 수 있을 만큼요. 〈범죄도시〉의 주인공 마동석 배우가 형사님을 모델로 삼아 연기하셨다고 들었는데, 직접 얼굴을 뵈니 정말 영화 속 주인공과 많이 닮아서 조금 놀랐습니다.

윤 그런 이야기를 종종 듣습니다. (웃음)

편 형사라는 직업은 드라마와 영화의 단골로 등장하기 때문에 우리가 잘 아는 직업이라고 여기는 경향이 있어요. 너무나 친숙한 캐릭터여서 마음으로는 가까운 것 같아도 현실에서 만날 일은 거의 없어요. 우리가 범죄를 저지르지 않는 한은요. 그래서 형사라는 직업의 세계를 알고 싶은 청소년을 대신해 잡프러포즈 시리즈가 현직 형사님을 만나 이 직업에 관해 궁금한 것을 묻고 답을 들어보았어요. 그 이야기를 지금 시작합니다!

경찰, 경찰관,
그리고 형사

경찰은 어떤 기관인가요

㉠ 일상에서 경찰관을 보는 일이 드물지 않아요. 그런데 형사를 본 기억은 없는데 친숙한 이미지가 있어요. 왜 그럴까요?

㉡ 경찰관 중에서 형사는 영화와 드라마에 단골로 등장해요. 자주 보니까 사람들이 형사를 친근하게 느끼고 또 경찰 조직에 대해 잘 알고 있다고 생각하는 것 같아요. 그런데 실제로 영화나 드라마에 나오는 형사를 일반 시민들이 만날 수 있는 기회가 얼마나 될까요? 어쩌면 평생 만나서는 안 될 사람 아닌가요? 범죄에 연루되었을 때만 만날 수 있는 형사를 일반 시민들이라면 볼 일이 없어야겠죠. 드라마나 영화에서는 형사의 역할에 너무 집중되어 있어요. 어떤 범죄가 발생하면 범인을 쫓아가서 잡는 역할이 많이 나오잖아요. 그래서 경찰이 되면 다 형사가 되는 줄 생각할 수도 있는데 경찰 중에서 형사는 일부이고 실제로 경찰이 하는 일은 매우 다양해요. 우리나라 경찰은 13만 명 정도이고 그중에 10~15퍼센트 정도가 범죄 수사와 관련한 업무를 담당합니다.

㉠ 경찰관의 직무는 무엇인가요?

㉡ 경찰은 국민의 생명과 재산을 보호하고 법과 질서를 수호

하고 국민의 경찰로서 모든 국민이 안전하고 평온한 삶을 누릴 수 있도록 실천하는 기관이죠. 쉬운 말 같지만 매일 범죄가 발생하고 위험 요소가 곳곳에 존재하기 때문에 경찰이 수행할 일은 산적해 있습니다. 경찰관이 수행할 직무는 여기서 다 설명할 수 없을 정도로 많지만 경찰관 직무집행법에 규정한 직무의 범위를 간단하게 소개할게요. 경찰관은 첫째로 국민의 생명·신체 및 재산을 보호하고, 둘째로 범죄의 예방·진압 및 수사를 하고, 셋째로 경비·주요 인사 경호 및 대간첩 대테러 작전 수행을 하고, 넷째로 치안 정보의 수집·작성 및 배포를 하고, 다섯째로 교통의 단속과 위해의 방지를 담당하고, 여섯째로 외국 정부 기관 및 국제기구와 국제 협력을 하며, 일곱째로 기타 공공의 안녕과 질서유지를 수행해요. 직무의 범위는 크게 일곱 가지로 간단해 보이지만, 한 가지 한가지 조항을 수행하기 위해 수많은 경찰관이 실무 현장에서 애를 쓰고 있다고 생각하면 됩니다.

편 경찰관의 직무 범위가 꽤 넓어요. 이 많은 일을 수행하기 위해서는 조직이 꽤 커야 할 것 같아요.

윤 경찰은 청장을 중심으로 1차장 1본부 8국 12관 54과 3팀으로 구성되어 있어요. 매우 큰 조직이에요. 임무에 따라 8국

대한민국은
더 안전해져야 합니다.

도움이 필요한 곳에
언제나 함께하겠습니다.

경찰청

출처 : 경찰청

으로 나누어지는데 크게는 네 부분 즉, 민생 치안, 범죄 수사, 사회질서 유지, 행정 지원의 임무로 구분해 볼 수 있어요. 민생 치안은 생활안전교통국에서, 범죄 수사는 국가수사본부에서 담당해요. 국가수사본부에는 수사기획조정관 · 수사인권담당 관 · 수사국 · 형사국 · 안보수사국이 소속되어 있어요. 그리고 사회질서 유지를 주로 담당하는 경비국 · 치안정보국 · 범죄 예방 대응국 · 국제협력관이 있고, 경찰의 행정적인 지원을 담

경찰 조직도
출처 : 경찰청

당하는 부서로 대변인 · 감사관 · 기획조정관 · 경무인사기획관 · 미래치안정책국이 있어요. 업무는 이렇게 구분되고 필요에 따라 서로 협조가 가능해요.

편 일반 시민과 가장 가까이에 있는 경찰관은 파출소에서 근무하는 것 같은데, 경찰서와 파출소는 전국에 얼마나 있나요?

윤 경찰은 치안 사무를 지역적으로 분담 수행하기 위하여 전국 특별시 · 광역시 · 도에 18개 시도경찰청을 두고 있어요.

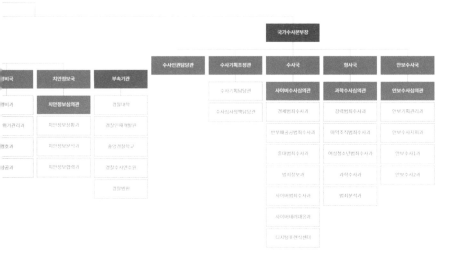

시도경찰청장 소속으로 경찰서 259개, 지구대 626개, 파출소 1,417개를 운영하고 있죠. 이렇게 전국에 걸쳐 촘촘하게 조직이 운영되기 때문에 치안 유지를 할 수 있는 거예요. 경찰은 매우 큰 조직이고, 그 자체가 하나의 사회라고 보면 될 것 같아요. 사회의 모든 기능이 있고, 정말 다양한 업무가 있어요.

편 경찰관이 마음에 담아두고 있는 사명감이 있다면 무엇일까요?

윤 근래에 경찰의 역할이 더 커졌어요. 요즘엔 사람들이 많이 몰리는 행사가 도심에서 종종 열려요. 이런 행사가 있으면 혼잡한 곳에서 일어날 수 있는 재난에 대비한 관리가 필요해요. 또 범죄 수사권이 검찰에서 이관된 부분이 있어요. 그래서 할 일이 더 많아졌죠. 하지만, 이 모든 일은 국민을 위해 봉사하는 역할을 맡은 경찰관으로서 당연히 해야 할 일이죠. 또 잘 해내야 국민이 편안하게 생활할 수 있는 거니까요. 이런 게 사명감이라고 할 수 있겠죠. 공식적으로는 경찰 헌장이라는 게 있어요. 경찰관을 꿈꾸는 청소년이라면 경찰 헌장을 잘 읽어보고 어떤 경찰관이 되고 싶은지 마음에 새겼으면 좋겠네요.

경찰헌장

우리는 조국 광복과 함께 태어나, 나라와 겨레를 위하여 충성을 다하며
오늘의 자유 민주 사회를 지켜온 대한민국 경찰이다.
우리는 개인의 자유와 권리를 보호하며 사회의 안녕과 질서를 유지하여,
모든 국민이 평안하고 행복한 삶을 누릴 수 있도록 해야 할
영예로운 책임을 지고 있다.
이에 우리는 맡은 바 임무를 충실히 수행할 것을 다짐하며,
우리가 나아갈 길을 밝혀 마음에 새기고자 한다.
우리는, 모든 사람의 인격을 존중하고 누구에게나
따뜻하게 봉사하는 친절한 경찰이다.
우리는, 정의의 이름으로 진실을 추구하며,
어떠한 불의나 불법과도 타협하지 않는 의로운 경찰이다.
우리는, 국민의 신뢰를 바탕으로 오직 양심에 따라
법을 집행하는 공정한 경찰이다.
우리는, 건전한 상식 위에 전문지식을 갈고 닦아 맡은 일을
성실하게 수행하는 근면한 경찰이다.
우리는, 화합과 단결 속에 항상 규율을 지키며,
검소하게 생활하는 깨끗한 경찰이다.

출처 : 경찰청

범죄자를 끝까지 추적해 검거하는
형사

경찰의 계급이 궁금해요

편 경찰은 계급이 뚜렷한 조직으로 알고 있어요. 경찰 계급과 그에 따른 업무에 관해 알려주세요.

윤 경찰은 11개의 계급이 있어요. 계급에 따라 계급장도 있는데, 계급장의 모양은 3가지로 구분돼요. 비간부 계급인 순경, 경장, 경사의 계급장은 무궁화 꽃봉오리 모양이에요. 주로 일선 지구대, 경찰서, 기동대에서 국민과 가장 밀접한 치안의 실무자로 임무를 수행해요. 중간 간부 계급인 경위, 경감, 경정, 총경의 계급장은 무궁화 모양이에요. 경위 계급부터는 범죄의 혐의가 있다고 판단될 때는 범인이나 범죄사실, 증거를 수사할 수 있는 사법경찰관이에요. 범죄자를 형사 입건하고 본인의 이름으로 송치 의견서를 작성해 검찰에 사건을 송치할 수 있는 권한이 있죠. 경찰대학을 졸업하거나 경찰 간부후보생 시험을 봐서 임용되는 경우는 경위부터 시작해요. 경찰의 수뇌부라고 할 수 있는 고위 간부 계급은 경무관, 치안감, 치안정감, 치안총감으로 태극 무궁화 계급장이죠.

편 승진은 어떻게 하나요?
윤 경찰이 승진하는 방법은 여러 가지가 있어요. 1년에 한 번

경찰공무원 계급과 역할

순경	경장	경사

일선 지구대와 경찰서 기동대 등에서 치안실무자로서 국민과 가장 밀접한 임무를 수행하고 있음

경위	경감	경정	총경
지구대 순찰팀장 파출소장 경찰서 계장급 경찰청·시도청 실무자	지구대장,경찰서 주요 계장 및 팀장(생활안전, 강력, 정보 2 등), 경찰청·시도청 반장'급	'경찰서 과장 경찰청·시도청 계장' 급	경찰서장, 경찰청 시도청 과장'급으로 근무

경무관	치안감	치안정감	치안총감
지구대 순찰팀장 파출소장 경찰서 계장급 경찰청·시도청 실무자	지구대장,경찰서 주요 계장 및 팀장(생활안전, 강력, 정보 2 등), 경찰청·시도청 반장'급	'경찰서 과장 경찰청·시도청 계장' 급	경찰서장, 경찰청 시도청 과장'급으로 근무

구분	승진	경찰 공무원 승진제도 현황			
	최저 소요연수	심사승진	시험승진	특별승진	근속승진
경무관	4년	○			
총경		○			
경정	3년	○	○		
경감		○	○	○	○
경위	2년/경위 12년후 경감 근속 승진	○	○	○	○
경사·경장	경사 2년, 경장 1년	○	○	○	○

출처 : 경찰청

범죄자를 끝까지 추적해 검거하는
형사

진행되는 승진시험을 볼 수 있어요. 근속연수를 채우면 자동으로 승진하는 근속승진이 있고, 업무 수행 실적이 뛰어난 경찰관에게 주어지는 특별승진, 평소 근무태도를 평가한 성적과 훈련 성적을 바탕으로 승진의 기회가 주어지는 심사승진이 있어요. 계급에 따라 적용되는 승진제도가 다르다는 걸 알고 준비하면 될 거예요. 계급이 높아질수록 승진의 기회는 적은 편인데요. 경무관 이상의 계급은 승진 심사가 아니라 대통령과 청와대의 정무 판단으로 임용 결정됩니다.

경찰관의 명칭이 여러 가지예요.
그 이유는 무엇인가요

편 경찰공무원을 일상적으로 이르는 말이 경찰관인데요. 이 밖에도 형사, 수사관 등 경찰을 부르는 명칭이 여러 가지인 것 같아요. 이렇게 명칭이 다른 이유는 무엇인가요?

윤 여러분이 일상에서 볼 수 있는 경찰관은 대부분 근무복을 입고 지구대나 파출소에서 근무하는 경찰관일 거예요. 범죄와 관련이 없는 평범한 시민과 가장 가까운 경찰관으로 친숙한 이미지를 가지고 있죠. 그런데 범죄가 발생하면 해결하기 위해 투입되는 경찰관이 따로 있어요. 형사, 수사관, 조사관, 분석관 등이죠.

편 직무에 따라 경찰관의 명칭이 달라지는 거네요.

윤 그렇죠. 경찰관의 명칭이 왜 달라지는가를 알려면 경찰의 임무를 먼저 알아야 해요. 경찰관 직무집행법에 따르면 제일 먼저 나오는 항목이 국민의 생명ㆍ신체 및 재산을 보호한다는 거예요. 다음으로 범죄의 예방ㆍ진압 및 수사를 하고 범죄피해자를 보호한다는 내용이죠. 경찰의 임무 중에서 가장 중요한 것으로 여러분도 충분히 알고 있을 거로 생각해요. 두 가지 임무를 따로 떼어놓을 수는 없지만 일반 경찰관은 주로 국민의 생명과 재산을 보호하는 안전의 의무를 수행한다면 형사를 비롯한 수사관과 조사관은 범죄가 발생했을 때 범인을 잡는 일을 수행한다고 이해하면 되겠어요. 일반 경찰관이 근무복을 입는 이유는 경찰관이라는 신분을 누구나 알 수 있게 해서 업무 수행을 효율적으로 하기 위해서인데, 반대로 형사나 수사관, 조사관은 신분이 드러나면 오히려 임무 수행에 방해가 되기 때문에 사복을 입어요. 사람들 속에 섞여서 정보도 얻고 범인도 잡기 위해서지요.

편 이 두 가지 임무 외에 다른 임무는 무엇이 있을까요?

윤 앞에서 말했듯이 경찰관의 업무는 크게 네 가지로 나뉘는데, 구체적으로 들어가면 매우 다양한 업무가 있어요. 경비 임무도 그중 하나로 주요 인사의 경호를 맡고 대간첩·대테러 작전을 수행하죠. 독도 수비대도 경찰이고 울릉도, 제주 경비대도 경찰이 하고 있어요. 또 공공안녕에 대한 위험의 예방과 대응을 위한 정보의 수집·작성 및 배포하고, 교통 단속과 교통 위해(危害)를 방지하며, 외국 정부 기관 및 국제기구와의 국제 협력도 하고, 그밖에 공공의 안녕과 질서 유지의 임무도 모두 경찰관이 하는 일이에요. 행정 지원의 임무를 맡은 경찰관은 행정, 경영, 회계, 홍보 등의 일을 하고요. 또 문화예술, 대민 봉사 등의 임무를 수행하는 경찰관도 있어요. 경찰 악단에서 연주만, 또 드론과 같은 전문 장비만 조종하는 경찰도 있어요. 어떤 분야든 전문적인 지식이 있거나 기술이 있으면 경찰 조직에서 할 일이 있어요. 여기서 다 말할 수 없을 정도로 다양하죠. 그리고 범죄 조사가 필요한 곳이라면 경찰 조직 외에 다른 기관으로 파견을 나가는 일도 있죠. 청와대에 행정 파견 나간 경찰, 검찰에 파견된 경찰, 외국 공관에 파견 나간 경찰, 금융 수사에 투입된 경찰, 자금세탁을 방지하는 금융정보분석원(FIU)이라는 곳에도 경찰이 파견돼요. 이렇듯 현실에서 경찰은 사회 곳곳에서 다양한 분야의 업무를 하고 있어요.

대한민국
경찰이 하는 일

각종 신고와 제보를 받는
112 상황실

편 112로 신고가 들어오면 어떤 과정으로 사건을 처리하는 건가요?

윤 누군가 112로 전화했을 때 신고자의 위치에서 가까운 지구대나 파출소로 연결되는 게 아니에요. 휴대전화로 신고가 들어온 경우는 기지국 기준으로, 일반전화인 경우는 주소 기준으로 해당 지역 관할 지방경찰청의 112 종합상황실로 연결돼요. 신고자의 전화를 받은 112 경찰은 사건·사고 발생 장소와 내용을 들으면서 시스템에 입력해요. 입력된 정보는 지역 경찰서 112 종합상황실에 즉시 공유되고 지역 경찰서는 신고 내용을 본 후 사건의 긴급성에 따라 코드를 5단계로 분류해 관할 경찰서로 전달해요. 이때 같은 정보가 현장에서 근무 중인 경찰관들의 순찰차 내비게이션과 스마트폰으로 전송돼요. 그리고 관할 경찰서에서 현장과 가장 가까운 순찰차에 무전으로 출동 지령을 내려 경찰관을 현장으로 보내는 거죠. 출동 속도는 사건·사고의 긴급성에 따라 달라요. 코드 0과 1은 이동 범죄나 강력범죄라거나 생명과 신체에 대한 위험이 임박한 경우, 현행범이 있는 경우 등으로 최단 시간에 현장에 도착

하는 게 목표예요. 코드 2는 생명과 신체에 대한 잠재적 위험이 있거나 범죄예방 등을 위해 필요한 경우로 긴급 신고가 들어올 때를 대비해 지장이 없는 범위 내에서 출동하고, 코드 3은 당장 현장에 가지는 않아도 되지만 수사나 전문 상담 등이 필요한 경우로 당일 근무시간 내에 출동해요. 그리고 코드 4는 긴급성이 없는 민원 상담 등으로 신고 내용과 관련된 다른 기관으로 넘기죠. 이렇게 112로 들어오는 모든 신고는 112 종합상황실에서 접수해 출동 지령을 내리고 사건을 분석하는 업무를 전담해요.

편 만약 112로 신고할 일이 있다면 가장 빨리 정확하게 전달해야 하는 것은 무엇일까요?

윤 가장 먼저 말해야 할 것은 자신의 위치예요. 긴급한 상황이라면 정확한 위치를 알아야 가장 가까이에 있는 경찰관이 출동할 수 있도록 지령을 내릴 수 있어요. 그런데 가끔 지역주민들만 알 수 있는 건물 이름이나 장소를 말하는 신고자도 있는데, 그 지역을 모르는 사람이 듣고 있다고 생각하고 가능하면 정확한 위치를 말하는 게 좋아요. 하지만 이제는 신고자의 위치추적 정확도가 높으므로 위치를 모른다고 너무 걱정하지 말고, 문제가 생기면 112로 신고하시면 됩니다.

출처 : 경찰청

편 허위신고를 하는 예도 있다고 들었어요. 그럴 때는 어떤 처벌이 따르나요?

윤 112에 허위신고를 한 경우는 거짓말의 경중에 따라 처벌을 달리하고 있어요. 발생하지 않은 범죄나 재해 사실을 거짓으로 신고한 사람은 60만 원 이하의 벌금, 구류 또는 과료의 형을 받을 수 있고, 사안에 따라 즉결심판에 부쳐질 수 있어요. 고의가 명백하고, 중대한 피해가 발생한 허위신고의 경우는 5년 이하의 징역 또는 1천만 원 이하의 벌금형으로 형사입건될 수 있는 큰 범죄니까 허위신고는 정말 하지 말아야 합니다.

편 112 종합상황실에서 사건을 맡을 부서를 배분하는 기준이 있을 것 같아요.

윤 경찰서에 폭행 사건이 들어오면 보통은 형사과에서 담당해요. 그런데 가해자와 피해자의 나이와 성별에 따라서 사건을 다른 부서로 이관하는 경우가 있어요. 사건의 관련자(피의자와 피해자 등)가 여성이거나 미성년자인 경우는 여성청소년과로 이관하는 거죠. 반대로 여성청소년과에서 맡아야 할 사건 같은데, 경미한 사건이 아닌 강력범죄로 판단되거나, 피의자가 여러 번 범죄에 연루된 정황이 발견되면 형사과로 이관해요.예를 들어 미성년자인 청소년이 절도 사건으로 들어왔어요.

초범이라면 여성청소년과로 보내 수사를 하지만 전과 13범에 소년원도 다녀왔다면 수사과 안에 있는 강력반에서 맡아요. 이렇게 경찰서 안에서 협의를 통해 업무 분담을 하고 있어요.

범죄 수사를 담당하는
형사과와 수사과

（편） 수사가 필요한 사건이 발생하면 형사과나 수사과 중 어느 부서에서 담당할지 먼저 결정되어야 할 것 같아요. 어떤 기준으로 사건을 배분하나요?

（윤） 수사과와 형사과는 수사 업무를 담당하는 부서라는 공통점이 있지만, 담당하는 사건의 종류나 업무의 초점에서 차이가 있어요. 수사과는 주로 경제범죄, 지능범죄, 사이버범죄, 환경 범죄 등 특수 범죄에 대한 수사를 담당해요. 복잡하고 조직적인 경제범죄, 지식재산권 침해, 사이버범죄 같은 상대적으로 고도의 전문지식이 필요한 사건을 처리해요. 수사과 내에는 지능범죄수사팀과 경제범죄수사팀이 있어요. 특별법의 적용을 받는 사건이 지능범죄수사팀에서 하는 일로 의료법, 선거법, 집회와 시위 등에 관한 법, 공직 비리 등이죠. 경제와 관련해서 돈 문제가 얽혀있으면 경제범죄수사팀이 맡아요. 주로 사기 사건이 많고 보이스피싱같은 디지털 범죄 등도 담당하죠. 수사과는 범죄 현장이 따로 있는 사건들이 아니므로 주로 서류와 문서로 수사해요. 수사과에서 일하려면 특정 분야에 대한 전문성, 특별법에 관한 지식 등이 필요하고 과학적인 수

사 기법에 능하고 데이터 분석 능력도 갖춰야 하지요.

(편) 형사과는 어떤 범죄를 수사하나요?

(윤) 형사과는 강력범죄, 폭력 범죄, 절도, 강도 등 일반적인 형사 사건에 대한 수사를 주로 담당해요. 살인, 강도, 폭행, 절도, 성범죄 등 사회에 큰 영향을 미치는 범죄 사건을 중심으로 다루죠. 형사과는 주로 범죄 현장에서 직접 수사 활동을 하고, 범인 추적이나 증거 수집을 통해 사건을 해결하기 때문에 몸으로 뛰는 일이 많아요. 형사과 안에는 형사팀과 강력팀이 있어요. 형사팀은 주로 파출소나 지구대에서 들어온 사건을 수사하고 범인을 잡는 일을 해요. 강력팀은 살인, 강도, 강간, 폭력, 절도, 납치, 인신매매, 유괴, 인질극, 조직폭력배, 마약, 방화, 조직범죄, 폭발물 사건 같이 강력 사건으로 분류되는 범죄를 담당해요. 영화나 드라마에 보면 사건이 발생했다고 현장에 출동하거나 잠복근무하는 형사들이에요. 두 부서는 수사의 범위와 방법에서 차이가 있지만, 필요에 따라 협력하여 사건을 해결하기도 합니다.

범죄예방과 사건 수사에 힘쓰는 여성청소년과

편 여성청소년과에서는 어떤 일을 하나요?

윤 가정폭력, 학교폭력, 청소년범죄, 성범죄, 아동학대, 스토킹 사건 등 각종 학대와 관계성 범죄(사람과의 관계에서 발생하는 범죄)의 사건 처리과 사례 관리를 담당하는 부서예요. 특히 사회적 약자인 여성과 청소년이 안전하게 살 수 있도록 범죄를 예방하고, 재발 방지에 힘쓰지요. 여성청소년과는 비교적 최근에 생긴 부서예요. 2010년대 중반 이후 우리 사회가 여성, 청소년, 아동 등 사회적 약자에 관해 관심이 커지면서 이들을 보호하고 이들과 관련된 사건을 취급하는 일을 전문적으로 하는 경찰관이 필요하다는 판단에 따라 전문 부서를 만들게 되었어요. 줄여서 '여청과'라고 부르기도 해요. 이 과는 원래 형사과에서 담당하던 사건 일부가 이관된 부서이기 때문에 형사과와 비슷한 점이 상당히 많아요. 현재 여청과는 여청수사팀, 여청 강력범죄수사팀, 여성청소년계로 운영되는 것이 일반적이에요. 2020년도 까지는 실종 수사도 여청과의 주요 업무였으나 2021년부터 형사과로 이관되었죠.

🔵편 여성과 청소년을 대상으로 한 범죄는 모두 여성청소년과에서 담당하는 건가요?

🔵윤 기본적으로 여성과 청소년을 대상으로 하는 범죄를 수사하는 과지만, 그 대상에게 일어나는 모든 사건을 담당하는 건 아니에요. 범죄가 중하다거나 스토커와 가출 신고는 형사과에서 담당해요. 형사과에서 다루는 사건들은 검찰청에 송치하는 것으로 끝나는 것과 달리 여성청소년과에서 담당하는 형사 사건은 검찰청 송치 외에서 가정법원이나 소년법원으로 송치해야 사건이 마무리되는 특성이 있어요. 그래서 여러 가지 상황을 고려한 전문적인 지원이 필요한 일이에요.

🔵편 여성청소년과라서 해야 할 중요한 업무가 있다면 무엇인가요?

🔵윤 피해자 보호 업무가 있어요. 가정폭력, 아동폭력, 노인 및 장애인 학대 등 사회적 약자를 대상으로 한 범죄는 피해자에게 큰 상처를 남겨요. 그래서 피해자를 상담 기관 등에 연계해 주거나 피해자와 지속적으로 연락해 잘 회복되고 있는지 등을 관리하고 피해자에게 필요한 도움을 제공해요. 이 일은 학대전담 경찰관이 담당하는데요. 범죄에 대한 예방, 수사 연계, 피해자 보호, 사후관리 지원 등 학대 전반에 관한 업무를 수행하

학교폭력 방지에 힘쓰는 학교전담
경찰관 출처 : 경찰청

기 때문에 이 임무를 수행할 수 있는 심리학, 사회복지학 등의
소양을 갖춘 경력자나 고학력자들을 경력 경쟁 채용으로 보충
하고 있어요.

편 학교폭력 예방을 위한 일도 여성청소년과에서 하는 거죠?
윤 이 과에서 중점을 두는 일 중 하나가 학교폭력 방지입니
다. 학교폭력 예방 대책의 하나로 학교전담경찰관을 배치하고
있어요. 학교전담경찰관은 학교폭력 및 청소년 선도 관련 업
무를 전담하는 경찰관으로 2012년에 도입되었죠. 한 학교에

한 명의 경찰관이 배치된 것은 아니고 한 명이 10개 학교 정도를 담당해요. 이 경찰관은 학생이나 학부모, 교사 등을 대상으로 범죄예방 교육을 실시하고, 117 신고센터나 SNS 등을 통해 접수된 학교폭력 사안을 맡아서 가해 학생은 선도하고, 피해 학생은 보호하는 업무를 하죠. 학교폭력은 발생하지 않도록 예방하는 활동이 중요해서 이를 위한 홍보 활동을 많이 해요.

안보를 위해 정보를 수집하고 수사하는 정보과와 안보과

정보과와 안보과에서는 어떤 업무를 수행하나요?

정보과는 국가의 안전을 침해하는 개인이나 단체 등 불법 행위를 예방 수사하는 곳이에요. 체제전복이나 폭동, 소요 등이 일어나지 않도록 국가적 차원에서 국민을 보호하는 목적이 있죠. 경찰 정보과의 정보력은 꽤 높은 편으로 국정원과 기무사의 정보력보다 높다는 의견도 있어요. 안보과는 북한에서 파견된 간첩이나 국가보안법 위반 사범을 잡는 일을 주로 하죠. 요즘에 북한에서 오물 풍선을 띄워 보내잖아요. 그런 게 떨어지면 안에 내용물을 확인하는 일도 안보과가 해요. 국정원에서 하던 안보 수사권이 최근에 경찰로 넘어왔어요. 예전에는 북한과 관련한 안보 쪽 일이 많아서 그런 일이 생기면 국정원이 담당했죠. 그런데 시대가 변해서 북한을 상대로 한 안보보다는 세계 여러 나라를 상대로 하는 안보 활동이 중요해졌어요. 세계의 정보를 수집하고 국가기밀이나 우리 기업의 기밀들이 새어나가지 않게 보호하는 일이 더 중요하죠. 그래서 출입국관리법 위반부터 국가기밀 관련한 보안 업무들까지 담당하고 있어요. 테러리스트가 우리나라에 들어오는지도 감시하고 산업스파이의 활동을 감시하는 일도 해요. 또 탈북민 있잖아요. 북한에서 탈출해서 남한에 온 사람들을 관리하는 업무도 있어요. 관내에 거주하는 탈북민을 한 달에 한 번씩 만나서 뭘 하며 사는지 이야기도 듣고 필요한 게 있으면 지원도 하죠.

실종 사건을 담당하는
실종범죄수사팀

편 누군가 실종되었다는 신고가 들어오면 실종범죄수사팀에서 조사하는 건가요?

윤 실종 사건은 초기 대처가 굉장히 중요해요. 단순 가출인지 실종인지 빠르게 판단해서 대응해야 해요. 112에 실종신고가 들어오면 실종범죄수사팀이랑 바로 공동 대응을 하는 시스템이 구축되어 있어요. 사무실에 112 신고 내용이 뜨는 모니터가 있어서 정보가 바로 올라와요. 이건 다른 사무실에는 없는 거예요. 그걸 보고 필요하다는 판단이 들면 신고자와 직접 통화할 수도 있어요. 신고자가 제공하는 정보를 들으면 '이건 현장에 바로 나가 봐야겠다'거나 '단순 가출이라 밤늦게나 다음 날 들어오겠다'라는 등의 '촉'이 와요. 감이 좋지 않은 신고면 바로 출동해서 확인해요. 실종되었는데 안 돌아온다는 건 사망했을 가능성이 커요. 그게 사고사일 수도 있고 자살일 수도 있고 납치일 수도 있죠. 여러 경우가 있는데 다 빨리 실종자를 찾아내는 게 관건이에요.

편 가출 신고가 접수되면 어떻게 대응하나요?

윤 나이와 대상에 따라 대응 방식이 달라요. 만 18세 미만의 아동이나 지적·자폐성·정신장애인, 치매 환자 등의 실종 신고가 접수되면 즉각 수색에 나설 수 있어요. 이때 먼저 하는 것은 휴대폰 위치추적이죠. 그런데 가출한 청소년들은 휴대폰을 소지하지 않거나 전원을 꺼버리고 집을 나가기도 해서 위치추적이 안 될 때도 있어요. 장애인이나 치매 환자도 휴대폰 위치추적을 우선으로 해서 찾지만 역시 휴대폰을 소지하고 있지 않거나 전원이 꺼져 있을 때도 있죠. 이러면 장애인과 치매 환자 등 혼자서 집을 찾아올 가능성이 없는 실종자는 재난 문자를 내보내 제보를 받아요. 그런데 미성년자가 가출했다고 재난 문자를 내보낼 수는 없어요. 이럴 경우는 CCTV로 동선을 추적하는 방법이 있고, 카드 명세 조회의 방법 등이 있는데요. CCTV로 동선을 추적하는 일은 시간이 걸리고, 카드 명세 조회를 하려면 영장을 받아야 가능한 절차가 있어요.

편 실종 신고를 받고 경찰이 초기 대응을 잘못하면 어떤 일이 일어나요?

윤 큰일이죠. 가끔 초기 대응을 잘못했다는 기사도 나고 하는데요. 접수된 신고 정보만으로 심각한 일인지 아닌지 판단하기 어려운 경우도 분명히 있어요. 그럴 때는 현장에 가서 수색해 봐야죠. 그게 과잉 수사라도 그렇게 하는 게 원칙이죠. 반대로 가정에서 해결할 일을 경찰에게 떠넘기는 사람들도 있어요. 신고접수가 들어오면 경찰은 반드시 수사를 해야 하거든요. 부모의 과도한 걱정과 불안으로 신고된 경우는 경찰력의 낭비가 될 수 있어요. 이런 점도 시민들이 알아줬으면 해요.

출처 : 경찰청

범죄자를 끝까지 추적해 검거하는
형사

경호와 경비를 담당하는
경비대

편 경찰의 주요 임무 중 하나가 경비와 경호라고 하셨어요. 주로 어떤 일을 하는 건가요?

윤 경찰 조직 내에는 특정한 목적을 가지고 공공질서 유지와 치안 확보를 담당하는 특별 부대가 여러 개 있어요. 대표적으로 경찰 경비대가 있죠. 주요 임무는 대규모 집회나 시위가 발생했을 때, 질서를 유지하고 불법행위나 폭력을 방지하고, 국가적으로 중요한 시설, 이를테면 청와대, 정부 청사, 외교 공관, 공항, 발전소 같은 곳에서 경비를 서며 외부 위협으로부터 보호하고, 자연재해나 대규모 사고와 같은 위기 상황에서 질서유지와 구호 활동을 지원합니다. 예를 들어 대형 화재나 지진이 발생했다면 피해 지역에서 주민들의 안전을 보호하고 질서를 유지하는 역할을 하는 거죠. 또 외국 주요 인사나 국내고위 공무원들이 이동하거나 행사할 때 경호 임무를 수행하고, 대테러 임무에도 참여해요. 폭발물 처리반(EOD)이나 대테러 특수부대와 협력하여 테러 위협에 대응하는 일이죠. 경비대 안에는 기동대와 특공대, 교통경비대가 있어요. 특공대는 대테러 및 인질 상황과 같은 고위험 상황에 대비한 특수부대로, 이 부대가 투입이 되었다면 심각하고 위험한 일이 벌어졌다는 걸 짐작할 수 있어요.

🔵편 기동대가 주로 하는 업무는 무엇인가요?

🔵윤 경찰기동대는 집회나 시위가 있을 때 출동해서 질서유지 및 안전 관리하는 업무를 주로 해요. 집회가 열리면 시민 불편이 발생할 수 있어요. 그런 것을 최소화하기 위해 안내 활동을 진행하고 집회 참여자들이 예정된 집회 장소를 벗어나거나 도로를 점거해 시민들의 통행을 방해하는 등 불법 집회로 변질되는 것을 사전에 방지하죠. 또 신고한 시위 장소와 시간을 준수하도록 관리하는 거예요.

재난이 발생했을 때 재난 현장에서 인명을 구조하고 재산 보호 활동도 기동대가 해요. 재난 피해 지역의 복구를 지원하죠. 축제와 행사가 있을 때 교통 혼잡과 재난 발생을 예방하기 위해서도 출동해요. 대통령 출퇴근 시 연도 경호 업무도 기동대가 하고, 새해 보신각 타종 행사, 여의도 불꽃축제 등 사람들이 많이 몰리는 곳에서 안전사고를 방지하기 위한 경비 활동을 해요.

🔵편 집회나 행사가 오래 걸릴 때도 많은데요. 기동대는 어떻게

🔗 경찰 특수기동대

🔗 축제가 열리는 장소에서
혼잡 관리하는 경찰 출처 : 경찰청

식사도 하고 휴식도 취하나요?

👤 기동대가 출동한 곳의 주변에 보면 기동대 버스 차량을 많이 볼 수 있어요. 그 버스가 기동대원이 대기하거나 휴식하는 공간이에요. 근무를 오래 계속해야 할 때는 버스에서 도시락 등으로 식사를 해결하기도 하죠.

📄 기동대가 출동해야 하는 집회나 행사가 주말이나 휴일에 집중되어 있을 것 같은데 휴무는 보장되는 건가요?

👤 집회 시간을 신고한 대로 지켜주면 기동대가 훨씬 편할 텐데 그렇지 못한 경우가 많아요. 또 경호 업무도 시간 변경이 많아서 규칙적이지 않은 단점이 있죠. 그래서 휴무일로 잡았다가도 갑자기 출동을 나가야 하는 상황도 생겨요.

2016년 촛불시위가 매주 있었을 때 엄청나게 많은 사람들이 서울 광화문 앞에 모였잖아요. 그때 기동대뿐만 아니라 거의 모든 경찰이 동원되었어요. 기동대는 교통 혼잡 정리도 하고 경비 업무 등 집회 참여자들의 안전하도록 하는 업무를 하고, 다른 과에서 나온 경찰관은 또 본연의 업무를 해요. 형사는 사람들 사이를 돌아다니면서 소매치기도 잡고, 성추행범도 검거하죠. 기본적으로 사람들이 엄청나게 많이 모이는 곳에는 크고 작은 일들이 일어나요. 이런 일을 예방하는 업무도 하지만 현장에서 사건이 발생했을 때 신속하게 처리하는 일도 하는 거예요.

편 대통령 경호도 경찰이 맡고 있다고 들었어요.

윤 대통령 경호를 맡는 경호 경찰이 있어요. 22경호경찰부대, 101경비단, 202경비단이 있고 경비 구역이 정해져 있죠. 101경비단은 대통령실 경내를 경비하고 방문객 안내와 작업자 감독의 업무를 수행하고, 22경찰경호대는 101경비단과 대통령 경호처를 근접 경호하는 업무를 해요. 202경비단은 대통령 집

사격 연습을 하는 경찰
출처 : 경찰중앙학교

무실 외곽 지역을 담당하고 대통령 전담 경호, 경비를 맡아서 대통령 외부 행사 시 순찰, 의전, 경호 지원과 관저 경비 등의 임무를 수행해요. 101경비단은 일반경찰과 다른 제복을 입고 근무하고 202경비단과 22경호경찰은 사복을 입어요. 대통령의 경호를 맡았기 때문에 보안에 민감한 부서죠. 여기서 근무하려면 무도와 사격 실력이 뛰어나야 해요. 또 외국 대통령을 비롯한 외국 인사가 국빈 방문을 했을 때도 경호를 맡아요.

🔵 국가 주요 기관의 경비도 경찰이 하는 건가요?

🟡 헌법재판소 경비는 독립적으로 하고, 그 외에 거의 모든 국가 기관의 경비는 경찰이 해요. 국회에는 국회경비대가 있고, 총리공관과 대사관, 대사관저 같은 외국 공관도 경비를 해요. 시청이나 구청 같은 곳은 지방자치단체에서 경비 업무를 하죠.

🔵 독도 경비대와 해안 경비대도 경찰인 거죠?

🟡 특수 목적을 수행하기 위해 만든 조직이 경비대라고 했잖아요. 독도 경비대와 해안 경비대는 각각의 특수한 목적에 따라 만들어진 조직이에요. 독도 경비대는 1956년 독도에 최초로 배치되었어요. 대한민국의 동쪽 끝에 있는 독도를 보호하

고, 그곳의 영토 주권을 지키기 위해 상시 주둔하는 경찰 조직
이죠. 독도가 때때로 한일 간 영유권 분쟁의 대상이 되기도 하
니까, 독도 경비대가 주둔하면서 독도의 실효적 지배를 명확
히 하고 있는 거예요.

　해안경비대는 주로 국가의 해안선과 연안 지역을 보호하

고, 그 지역에서 발생하는 다양한 범죄와 안전 문제에 대응하는 역할을 하는 경찰이에요. 해안 지역을 감시하며, 불법 입국이나 밀수, 해안선을 통해 이루어질 수 있는 불법 활동을 차단하는 등의 일을 하죠. 해안경비대는 해양경찰과 경찰의 역할을 접목한 조직으로 해양과 육지 사이의 치안을 동시에 유지해요. 해양경찰이 주로 바다에서 활동하는 반면, 해안경비대는 해안선과 그 주변을 감시하고 치안을 유지하는 데 중점을 두고 있어요.

편 경찰과 해양경찰은 다른 조직인가요?

윤 다른 조직이에요. 경찰은 경찰청 소속이고 해양경찰은 해양에서의 법 집행과 안전을 책임지는 해양수산부 소속의 별도 조직이지요. 해상에서 일어나는 불법 행위(밀수, 불법 조업, 해적 행위, 해상 밀입국 등)를 단속하고 수사하고, 선박 사고나 해양 재

출처 : 경찰청

난 발생 시 구조 활동을 지원하고, 해양 환경 보호 및 해양 오염 사고를 방지하는 역할 등을 수행하죠. 또 해상 사고가 발생했을 때 인명을 구조하고, 침몰한 선박을 인양하거나 해양에서 재난에 대응하는 역할도 맡고 있어요.

도로 교통을 관리하며 시민의 안전을 지키는 교통과

편 교통과의 주요 업무는 무엇인가요?

윤 도로 교통의 안전과 원활한 흐름을 보장하고, 교통 관련 법규를 집행하는 것이 주요 업무죠. 교통 법규 위반 단속, 교통사고 조사, 교통 혼잡 관리, 운전면허 관리, 교통 시설 점검 및 관리뿐만 아니라 교통안전 캠페인 및 교육의 업무를 수행해요. 특히 교통사고가 났을 때 가해자와 피해자를 나누는 일이 중요하므로 교통사고를 조사하는 전담반도 있고, 뺑소니 사건을 전담하는 전담반도 있어요. 뺑소니 사건은 사회적으로 심각한 문제가 되는 범죄라서 이런 전담반을 설치해 운영하고 있는데요. 사고 현장에서의 증거 수집, 목격자 진술 확보, CCTV 및 차량 블랙박스 분석 등을 통해 가해자를 찾아내는 데 중점을 두고 수사해요. 또한 DNA 분석 등 다양한 과학적 수사 기법을 활용해 증거를 수집하죠. 뺑소니 사건은 피해자와 그 가족을 보호하는 일도 중요해요. 수사 진행 상황을 피해자와 그 가족에게 설명하고 필요한 지원도 하고요. 그리고 뺑소니 사고 예방 캠페인도 추진하죠.

마약 범죄를 수사하는
마약수사팀

편 요즘 마약 문제가 사회적으로 큰 파장을 일으키고 있어요.

윤 마약이 급속하게 퍼지면서 사회적인 문제가 되는 건 사실이에요. 그래서 마약 수사를 담당하는 경찰관이 없던 경찰서도 전담팀을 구성하는 등 마약 범죄를 근절하기 위해 경찰이 앞장 서고 있는데요. 마약을 제조, 유통, 판매하는 것뿐만 아니라 소지, 복용하는 모든 행위가 범죄 행위에 해당해요. 이런 마약사범을 추적하고 검거하는 것이 이 팀의 핵심 업무죠. 마약 수사의 범위는 꽤 넓어요. 해외로부터 밀반입되는 마약이나 국내에서 제조된 마약의 유통을 차단하기 위해 항구, 공항, 국제 우편 등을 통해 밀반입되는 마약을 추적하고, 이를 유통하는 조직을 수사해 검거해요. 최근 마약 거래는 인터넷과 다크웹, SNS 등을 통해 이루어지는 경우가 많아요. 마약 수사팀은 이러한 온라인 플랫폼에서의 불법 마약 거래를 추적하고, 마약을 제조하고 판매하는 조직이나 공급망을 파악하여 조직적인 범죄를 뿌리 뽑기 위한 업무를 하지요. 마약 범죄는 종종 국제적인 범죄 조직과 연관된 경우가 많아요. 그래서 해외 수사 기관과의 협력도 매우 중요해요. 이를 통해 국제적인 마약

🔗 마약팀에서 근무할 당시 동료들과 함께

밀매 망을 파악하고, 공조 수사를 진행하기도 하죠. 또한 마약
의 위험성을 알리고, 중독 예방을 위한 캠페인 및 교육을 하여
사회 전반에 걸쳐 마약 문제를 줄이려는 노력도 하고 있어요.

DETEC
TIVE

형사가
되려면

어떤 소양이 필요할까요

🔵편 형사가 되려면 어떤 소양이 필요할까요?

🔵윤 형사는 예상하지 못한 시기에 예상하지 못한 상황에 처하게 되는 일이 많아요. 계획을 세웠더라도 현장에 가면 별의별 일이 다 생기니까 그때그때 정확히 상황을 파악하고 판단을 내려야 해요. 그러려면 당황해서도 안 되죠. 속으로 당황할 수는 있는데 그걸 범인이나 상대하고 있는 사람에게 들키면 곤란해요. 그 아주 짧은 시간에 또 여러 일이 일어날 수 있거든요. 그러니까 어떤 순간이 와도 당황하지 말고 침착하고 빠르게 생각한 뒤 적절한 시기에 판단을 내리는 그런 능력이 되게 중요하죠.

🔵편 정리하면 침착함, 순발력, 상황 판단 능력 등이 필요하단 말씀이네요.

🔵윤 상황을 빠르게 판단하고 그 상황을 해결할 방법을 찾을 때 융통성도 좀 필요하죠. 경찰학교에서 배운 대로나 훈련한 대로 상황이 전개되지는 않아요. 그러면 주변을 재빨리 살펴서 융통성 있게 대처하는 것도 중요해요.

동기 경찰이 운영하는 체육관에서
형사를 꿈꾸는 아이들과 함께

편 청소년기에 어떤 준비를 하면 좋을까요?

윤 건강과 체력이죠. 공부도 좋지만, 건강한 몸과 체력이 정말 중요해요. 기본적으로 태권도, 유도, 검도, 무에타이와 같은 정신과 몸의 수련을 함께 하는 무도를 하나 선택해서 꾸준히 하면 좋겠어요. 운동도 좋아요. 하나의 운동을 꾸준히 하는 것도 좋고 관심 있는 운동을 찾아서 하는 것도 좋고요. 뭐든지 해서 체력을 단련하는 게 중요해요.

편 건강한 신체와 체력, 그다음에 또 어떤 것에 관심을 가지면 좋을까요?

윤 사건 사고가 일어났다는 뉴스를 접했다면 그 사건의 수사 과정은 어떠하고, 결과는 어떻게 나왔는지 끝까지 관심을 가지고 살펴봤으면 해요. 그냥 그런 일이 발생했다는 사실만 무심하게 보지 말고 경찰은 사건을 해결하기 위해 어떤 노력을 했고, 그 결과 범인은 어떤 형벌을 받았는지도 알아보면 좋죠. 요즘엔 마음만 먹으면 인터넷으로든, 책으로든 범행을 밝히는 수사 과정을 찾아볼 수 있잖아요. 관심 있게 보면 보이는 게 더 많을 거예요.

그리고 무서운 게 없어야 해요. 범죄 현장이 무섭고, 범인을 두려워하면 범인 못 잡아요. 2022년도였죠. 인천에서 사건이 있었잖아요. 흉기 난동 현장에 출동한 여경과 남경이 현장을 이탈한 사건이에요. 층간 소음 때문에 화가 난 가해자 남성이 위층 일가족에게 흉기를 휘두르자 현장에 있던 경찰관이 도망쳤어요. 남경은 실탄 권총과 삼단봉, 여경은 전기충격총과 삼단봉으로 무장을 했는데 써보지도 않고 현장을 이탈해 버렸죠. 결국 피해자 가족의 남편이 가해자를 맨손으로 제압했고 뒤늦게 현장으로 복귀한 경찰들이 가해자를 체포해 연행했어요. 두 경찰관이 현장을 이탈하는 장면이 CCTV에 찍혀 방송에 나가자, 국민의 공분을 많이 샀어요. 여경이라서 도망갔다는 비난도 많았는데 함께 출동했던 남경도 현장을 이탈했었죠. 이 사건은 남녀의 차이 이런 문제가 아니라 순전히 경찰의 마음가짐, 사건을 대하는 태도와 관련한 문제예요. 이 사건을 보면서 경찰이 되고 싶은 청소년이라면 스스로 생각을 해봐야 할 거예요. 칼을 들고 있는 남성이 눈앞에 있을 때 나라면 어떻게 할 것인가? 두려움 없이 문제를 해결할 수 있을까? 물론 두려운 마음이 드는 건 당연한 거예요. 저도 눈앞에 건장한 남성들이 무기를 들고 서 있으면 순간 움찔해요. 사람이니까 순간적으로 공포감이 생기는 건 당연한 거예요. 하지만 그 순간을 이기고 경찰의 본분을 충실히 하겠다는 의지가 없다면 경찰도, 형사도 될 수가 없겠죠. 이와 관련이 있다면 있고 없다면 없을 수도 있는데, 요즘에 '무슨 포비아'하고 어떤 특정한 무늬, 형체, 물체, 생명체 등에 한정된 공포증을 앓는 사람들이 있어요. 이런 사람들이 경찰관이 되었을 때는 좀 곤란한 일이 생겨서 업무에 지장이 있을 수 있어요.

편 아무래도 좋은 것보다는 나쁜 것을 더 많이 보는 직업이다 보니 보통 사람보다는 용기가 필요하네요. 더 필요한 소양이 있을까요?

윤 덧붙여서 일명 '깡다구'라고 하는 것도 있어야 한다고 생각해요. 다른 말로 하면 사건을 끝까지 해결하겠다는 의지와 노력이겠죠. 불의와 타협하지 않고 맞서 싸우겠다는 정의감은 기본적으로 가지고 있어야 하고요. 또 경찰관은 모두가 물러설 때 국민의 생명과 신체를 보호하겠다는 사명감으로 나설수 있는 용기가 있어야 한다고 생각해요. 요즘 칼을 들거나 폭행을 가하는 강력범죄 현장에서 길 가던 행인이 또는 손님이가해자를 제압했다는 뉴스가 많이 나오잖아요. 알고 보니 휴무로 쉬고 있던 경찰관이었다는 거죠. 이렇게 근무하는 날이건 휴무이건 사건 현장이 보이면 뛰어들어서 해결하려는 사명감이 꼭 필요하다고 생각해요.

🔗 2023년 묻지마 살인사건 관련하여
다중이용시설에 배치된 형사들

직업 체험활동이 있다면
소개해 주세요

편 형사를 비롯한 경찰관이라는 직업을 체험할 수 있는 프로그램이 있나요?

윤 유스폴넷(Youth Pol-Net)이라는 플랫폼이 있어요. 경찰청 청소년보호과에서 운영하는 청소년보호활동 플랫폼인데 거기 보면 청소년은 물론이고 초등학생과 유치원생을 대상으로 하는 경찰체험프로그램을 운영하는 청소년경찰학교가 있어요. 청소년경찰학교는 전국 56개 지역 경찰서에서 운영해요. 학생들이 직접 참여하는 프로그램은 경찰장비와 제복을 착용해 볼 수 있고, 사격, 범인 몽타주 작성, 과학수사, 불법 촬영 장비 탐지와 같이 사건을 수사하는 과정을 체험할 수 있고, 모의법정, 교통안전, 학교폭력예방교실, 학교폭력 가·피해자 역할극 등 다양한 프로그램이 운영되고 있죠.

편 경찰청에서 이렇게 다양한 체험프로그램을 적극적으로 운영하고 있는데, 다른 이유도 있을까요?

윤 직업 체험이라는 목적도 있지만 범죄예방의 목적도 있어요. 물론 범죄예방 프로그램도 따로 운영하고 있긴 해요. 그래

경찰체험 프로그램에 참여한 청소년들 출처 : 국립경찰박물관

도 서로 다 관계가 있죠. 이런 프로그램을 통해 어린이와 청소년이 경찰의 입장에서 세상을 바라보게 할 수도 있고, 수사 과정을 통해 범죄자는 반드시 검거된다는 것을 알게 해 범죄에 대한 경각심을 일깨울 수도 있죠. 우리 경찰서에는 경찰학교는 없는데 아이들이 현장학습을 와요. 어떤 때는 유치원 아이들이 와서 112 종합상황실도 가보고 유치장에도 가보죠. 아이들이 유치장 구경을 정말 좋아해요. 그래서 3층에 체험학습용으로 미니 유치장을 만들어놨어요. 거기서 사진도 찍고 조사실도 구경하고 하죠. 경찰학교를 운영하는 경찰서는 좀 더 다양한 체험을 할 수 있도록 공간을 마련해 놓았고, 아이들도 많이 와요. 그러니까 관심 있는 청소년이라면 프로그램 신청해서 체험해 보세요. 재미있을 거예요.

또 국립경찰박물관이 서울 종로구에 있어요. 2005년에 개관한 박물관에는 경찰의 역사를 알 수 있는 전시가 있고, 생활 속에서 경찰을 접해볼 수 있는 체험관도 운영해요. 경찰의 꿈을 키우는 어린이와 청소년을 위한 다양한 교육프로그램을 운영하고 있으니 참여해 보는 게 좋겠어요.

형사가 되기 위한 자격 조건은 무엇인가요

편 형사가 되기 위한 자격 조건은 무엇인가요?

윤 형사는 전체 경찰관 중 일부로 경찰공무원이 될 수 있는 조건과 같아요. 그래서 경찰공무원이 될 수 있는 자격을 소개할게요. 가장 많은 지원자가 몰리는 경찰 공채(순경 공채)의 지원 자격은 18세 이상 40세 미만의 대한민국 국적을 가진 사람이에요. 1종 보통의 운전면허 자격증 소유하고 있어야 하고 신체 검사 합격 기준에 미달하지 않으면 돼요. 예전에는 168cm 이상이어야 한다는 조건이 있었는데 없어졌죠. 또 학력 기준도 없어요.

편 형사님과 이야기를 나누면서 알게 된 사실은 형사가 되려면 먼저 경찰관이 되어야 한다는 거예요. 그러니까 처음부터 형사가 될 수는 없는 거죠?

윤 경찰 조직에 들어올 때 처음부터 형사로 들어오는 사람은 없어요. 경찰관으로 근무를 하면서 형사가 될 자격을 취득해야 형사가 될 수 있죠. 먼저 경찰관이 되어야 하니까 경찰관이 되는 방법을 알려드릴게요. 제일 처음 할 일은 본인의 목표를 정해서 준비하는 거예요. 일반공무원 9급에 해당하는 순경 직위부터 시작할 것인가, 6급에 해당하는 간부급으로 시작할 것인가, 다른 자격증을 보유한 상태에서 특채로 경찰관이 될 것인가 하는 목표를 정해야 해요. 순경으로 시작하겠다면 만 18에 이후에 순경 공채 시험에 응시할 수 있어요. 간부급으로 시작하고 싶다면 경찰대학이나 일반대학의 관련학과에 진학해 졸업한 후 경찰간부후보생 시험에 응시하면 되고요. 또 경찰이 필요로 하는 전문적인 분야에서 지식과 경력을 쌓은 후 경찰 수사 특채에 응시해 볼 수 있어요.

대학 진학할 때 어떤 전공을
선택하는 게 도움이 될까요

편 대학에 진학할 때는 어떤 전공을 선택하는 게 도움이 될까요?

윤 대학의 전공이 크게 상관없지만 법에 따라 일 처리를 하고 법 집행을 하는 직업이기 때문에 법학과나 경찰행정학과에서 경찰 업무와 관련한 법률 지식을 공부하면 좋을 것 같아요. 법학과는 웬만한 종합대학에는 다 있으니까, 본인에게 맞는 대학을 선택하면 될 거예요. 경찰 간부가 되고 싶다면 경찰행정학과가 있는 대학에 진학하는 것도 좋겠지요. 대표적으로 동국대학교, 한양대학교, 가천대학교, 백석대학교, 강원대학교, 청주대학교, 계명대학교, 대구대학교, 배제대학교 등 여러 대학에 경찰행정학과가 있어요. 그중에서 동국대학교는 1962년 국내 최초로 경찰행정학과를 개설했고, 현재는 단과대학이 되었죠. 경찰간부후보생 선발시험 합격자가 가장 많이 배출된 학교이기 때문에 경찰 간부가 되고 싶은 학생들이 많이 진학한다고 해요. 경찰간부후보생 시험에 합격하면 경찰대학에 입소해 1년간 교육을 받고 경위(일반직 공무원의 6급에 해당)로 임용됩니다.

경찰대학은 어떤 곳인가요

편 경찰대학은 어떤 곳인가요?

윤 경찰대학은 경찰 간부가 될 사람에게 학술을 연마하고 심신을 단련하게 하려고 만들어진 4년제 특수대학이에요. 육군, 공군, 해군에 사관학교가 있는 것과 같은 이치예요. 사관학교 졸업자는 전부 소위로 임관하듯이 경찰대학 졸업자는 모두 경위로 임용되죠. 경찰대학생에게는 등록금 면제 또는 감액의 혜택이 있고, 모든 학생이 봉급을 받아요. 대학 재학 중에도 이런 혜택이 있지만 졸업 후에 경위로 임용되는 것이 가장 큰 혜택이에요. 보통 순경으로 임용된 경찰관이 경위가 되려면 근무 연수가 평균 15년 이상 걸리는데 경찰대학 졸업자는 졸업과 동시에 경위가 되는 거니까요. 그래서 경찰대학 졸업생의 경위 자동 임용 제도를 폐지하자는 의견이 제시되고 있어요. 경찰공무원법과 경찰대학 설치법 개정안이 발의될 예정이라고 합니다. 시험을 치러서 경위가 되도록 하는 여러 안이 논의 중이라고 하니 가까운 미래에 변화가 있을 수도 있어요. 경찰대학에 진학하고 싶은 청소년이라면 앞으로의 변화에 관심을 가지고 대응해야 할 것 같아요.

경찰 임용 방법을 알려주세요

(편) 경찰이 되는 경로는 꽤 다양하다고 하셨어요. 먼저 순경 공채 시험이 무엇이고, 어떤 과정으로 합격자가 가려지는지 설명해 주세요.

(윤) 만 18세 이상 만 40세 이하의 대한민국 국민은 학력과 무관하게 순경 공채 시험에 응시할 수 있어요. 단, 1종 보통 운전면허증이 필요하고, 남성의 경우 병역을 마쳤거나 면제된 사람만 응시할 수 있어요. 원서를 접수했다면 이제 시험을 봐야 해요. 시험은 필기시험, 체력 시험, 면접시험으로 나뉘어 있어요. 필기시험 과목은 헌법, 형사법, 경찰학이고, 별도로 한국사와 영어는 검정제예요. 한국사능력검정시험 3급 이상, 영어는 토익 550점 이상 또는 지텔프(G-TELP) 레벨2 43점 이상을 받아서 제출해야 해요. 다음은 신체검사를 받고 체력 검사를 해요. 평가 종목은 100m 달리기, 1,000m 달리기, 팔굽혀펴기, 좌우 악력, 윗몸일으키기로 5종목이고 여기서 1종목 이상 1점을 받은 경우, 총점이 19점 이하인 경우는 불합격이에요. 다음은 적성검사를 하고 결과는 면접자료로 활용해요. 마지막으로 면접시험을 보는데요. 1단계는 집단면접을 하고 2단계는 개별면접을 봐요. 최종합격자는 필기시험 50%, 체력 검사 25%, 면접시

험 20%를 반영하고 가산점 5%를 합산해서 고득점순으로 결정해요. 다른 공무원 시험과 차별되는 건 체력 시험이에요. 경찰은 체력이 중요하기 때문에 여기서 불합격하지 않도록 평소에 운동을 하면서 체력을 길러야 할 거예요. 그리고 경찰특공대에 지원하고 싶다면 채용공고를 확인해서 준비해야 해요. 순경 공채와 시험과목과 점수 합산 비율이 다르니까요.

편 경찰간부후보생을 채용하는 과정은 어떻게 되나요?

윤 경찰 간부직을 양성하는 채용시험의 응시 자격은 만 21세 이상 만 40세 이하이고, 1종 보통 운전면허를 소지해야 해요. 한국사와 영어는 검정제로 한국사능력검정시험 2급, 토익 625점 이상 등의 공인 영어 성적을 제출해야 해요. 순경 공채 시험과 다른 점은 필기시험이에요. 형사법, 헌법, 경찰학, 범죄학은 필수과목이에요. 그리고 행정법, 행정학, 민법총칙 중 1개 과목을 선택해서 시험을 봐요. 이 시험은 일반 경찰간부후보생을 뽑는 시험이고, 만약 세무회계나 사이버 분야를 지원했다면 그 분야에 맞는 시험과목이 있으니까 확인하고 공부를 해야 해요. 신체검사, 체력 검사, 적성검사, 면접은 공채 시험과 비슷하다고 보면 될 것 같아요.

편 순경 공채 시험이나 경찰간부후보생 시험이 어렵다는 이 야기도 있던데요.

윤 그건 체력 시험 때문일 거예요. 필기시험도 쉬운 건 아니 지만 요즘엔 체력 시험에서 탈락하는 응시자들도 많아요. 체 력 시험은 필기시험 끝난 후 단시간 훈련해서 통과할 수 있는 게 아니에요. 평소에 꾸준히 근력을 기르는 운동을 하거나 체 력을 단련했을 때 높은 점수를 얻을 수 있죠. 그러니까 경찰관 이 되고 싶은 친구들이라면 체력을 기르는 일을 게을리하지 말아야 해요.

편 경찰은 특채도 많이 뽑는 것으로 알고 있어요. 어떤 분야 의 사람들을 수사 특채로 뽑는 건가요?

윤 대표적으로 몇 가지만 꼽아볼게요. 정보 보안, 네트워크, 해킹 방지, 데이터 분석 등 사이버범죄와 관련된 전문지식을 가진 인재를 뽑는 사이버 수사 특채가 있어요. 과학수사나 법 의학처럼 의학과 과학 지식이 필요한 특채, 변호사 자격증이 있어야 지원할 수 있는 특채, 영상 분석, 통신 수사, 회계·금 융 수사와 같이 전문 분야가 확실한 특채, 범죄 분석과 심리 수사와 같이 범죄학이나 심리학 등 범죄자의 심리와 관련한 전문지식이 필요한 특채 등이 있어요. 특채는 각종 복잡하고 특수한 범죄에 대응하기 위해 다양한 분야의 전문성을 가진 인재를 채용하는 거예요. 그래서 각 분야에 따라 요구되는 자격 요건과 경력이 달라요. 공채 과정에서 선발된 인재는 해당 분야의 전문 수사관으로, 또는 지원한 분야에서 활동하게 되죠.

형사의
세계

경찰에 임용되면
어떤 교육이 있나요

편 경찰관이 되면 어떤 교육을 받나요?

윤 순경 공채 시험에 합격해 신임 경찰관이 되면 중앙경찰학교에서 일정 기간 경찰 업무에 필요한 다양한 이론과 실무를 배워요. 교육 기간은 약 34주로 전원 합숙 생활을 하죠. 교육은 경찰관이 현장에서 필요한 이론 교육과 실무 훈련이 병행되는데요. 이론 교육은 법률과 수사 기법, 경찰 윤리에 관한 것을 주로 배워요. 법률은 형법, 형사소송법, 경찰관 직무집행법 등 경찰 업무에 필수적인 법률 지식을 학습해요. 수사 기법 교육에서는 범죄 수사 과정에서의 증거 수집 및 처리 방법을 배워요. 그리고 경찰관으로서 지켜야 할 윤리와 공직자로서의 책임을 강조하는 경찰 윤리 교육이 있죠.

실무 교육은 사격 훈련, 체포술 훈련, 현장 대응 훈련 등이에요. 사격 훈련을 통해 총기 사용법과 사격 훈련을 통해 경찰 업무에 필요한 무기 사용 능력을 높이고, 체포술 훈련으로 범인을 제압하거나 체포할 때 필요한 신체적 기술을 습득하죠. 그리고 교통사고 처리, 시위 대응 등 실제 현장에서 필요한 대응 방법을 훈련합니다. 경찰관으로서 빼놓을 수 없는 게 체력이잖아요. 그래서 경찰관에게 요구되는 신체적 능력을 유지하고 강화하기 위한 체력 훈련을 지속적으로 해요. 달리기, 팔굽혀펴기, 근력 운동 등 다양한 체력 단련 프로그램이 포함되어 있어요. 또한 경찰 업무 중 인권을 보호하고 존중하기 위한 인권 교육이 필수적으로 진행되고, 정보화 사회에서 경찰 업무에 필수적인 컴퓨터 활용 능력 및 정보화 기술 교육도 이루어져요.

🔗 **중앙경찰학교 311기 졸업식**
출처 : 중앙경찰학교

범죄자를 끝까지 추적해 검거하는
형사

'예의_ 禮儀'

무도의 시작과 끝은 예의이다.
상대방에 대한 존중이 없는 무도는 격투일 뿐이다.
예의가 근간인 무도를 수련하는 것은 타인을 존중하는 기본을 깨닫기 위함이다.
인권보호의 시작은 '존중'과 '배려'이기 때문에...

중앙경찰학교 무도 교육
출처 : 중앙경찰학교

편 중앙경찰학교에 있을 때 실습도 하나요?

윤 네. 교육 중간에 약 4주 정도는 일선 경찰서나 지구대, 파출소에 나가 실습을 해요. 순찰, 사건 대응, 교통 단속 등의 실제 경찰 업무를 경험하며, 현장 대응 능력을 키우는 것이 목적이죠.

편 약 8개월 정도의 교육 과정을 수료하면 신임 경찰관은 어디로 배치되나요?

윤 중앙경찰학교 교육을 수료한 후에는 각 지방경찰청 산하의 경찰서나 지구대, 파출소에 배치돼요. 근무 지역은 본인이 지원한 지역으로 이루어지는 편인데, 교육과 훈련 성적에 따라 어느 부서에 임용될지 결정되죠. 처음에는 순찰팀이나 민원실 등의 부서에 배치되어 주로 순찰, 민원 처리, 범죄예방 활동 등 기초 경찰 업무를 수행해요. 이렇게 현장 경험을 쌓으며 다양한 경찰 업무에 적응하게 되면 형사과나 교통과 등 본인이 가고 싶은 과로 이동할 기회가 생기죠. 물론 처음부터 본인이 일하고 싶은 과에 지원해서 빈자리가 있으면 바로 임용될 수도 있어요.

형사가 되려면 어떻게 해야 하나요

편 형사가 되는 방법을 알려주세요.

윤 앞에서도 말했듯이 형사는 일반 경찰 업무와 좀 다른 점이 있어서 처음부터 바로 형사가 되는 방법은 없어요. 그래서 형사가 되고 싶다면 먼저 경찰관이 되어야 하고, 임용된 후에도 최소 2년 이상의 근무 경험이 필요해요. 경찰로서 갖춰야 할 기초 역량을 키우는 시간이지요. 경찰관으로 어느 정도의 경력이 있고, 형사가 되기로 마음먹었다면 매년 실시되는 수사경과 시험에 응시해요. 이 시험은 1년에 1회 또는 2회 실시되고, 선발 인원은 해마다 달라요. 시험과목은 형법, 형사소송법, 범죄수사학이고, 상대평가를 통해 선발하기 때문에 시험에 응시한 해의 응시 상황에 따라 합격 점수는 달라져요. 시험에 통과하면 경찰수사연구원에서 수사전문교육을 받게 되고, 모든 과정을 마치면 수사경과의 자격이 주어져요. 수사경과 자격이 있으면 형사팀, 마약팀, 강력팀, 여성청소년과 등 수사 업무가 필요한 부서에 배치되어 형사의 업무를 하는 거죠. 그리고 수사경과 자격은 5년 마다 재시험을 봐서 갱신해야 해요. 만약 재시험에 합격하지 못 하면 수사경과에 관한 자격은 정지되고, 수사와 관련한 업무에서 배제돼요.

근무시간과 휴일은 어떻게 되나요

편 근무시간과 휴일은 어떻게 되나요?

윤 형사를 비롯한 경찰관의 근무시간과 휴일은 일반 직장과는 조금 달라요. 경찰관은 24시간 사회의 안전을 책임지는 직업이기 때문에 교대 근무가 기본이에요. 주로 4조 2교대나 3교대 형태로 근무가 이루어지며, 부서와 상황에 따라 차이가 있어요. 4조 2교대 근무는 4개의 조가 돌아가며 주간과 야간 근무를 번갈아 수행하는 방식이에요. 주간 근무조가 보통 오전 8시에서 오후 7시까지 근무하고, 뒤를 이어 야간 근무조가 오후 7시부터 다음 날 오전 8시까지 근무하는 거예요. 보통 2일 근무하고 2일 휴무로 짜이죠. 일부 경찰서나 부서에서는 3교대 근무를 시행해요. 하루를 3개의 근무조로 나누어 아침 근무자는 오전 6시에서 오후 2시까지, 저녁 근무자가 오후 2시에서 오후 10시까지, 야간 근무자가 오후 10시에서 오전 6시까지 일하는 거예요. 3교대는 하루 8시간씩 근무하며, 휴식일이 교대에 따라 달라져요. 이 밖에도 근무 형태는 다양해요. 일반 직장인과 마찬가지로 아침에 출근해 저녁에 퇴근하는 내근직 근무자들도 있으니까요. 경찰관은 법적으로 주 40시간 근무가 기준이에요. 하지만 교대 근무 특성상 근무시간이 주 단위로 고르게 분배되지 않을 때도 있지만 가능하면 맞추려고 하죠.

편 2일 근무, 2일 휴식이 기본이라고 하셨어요. 그 외에 휴일이나 휴가도 사용할 수 있는 거죠?

윤 경찰관은 공휴일과 주말 구분 없이 근무하는 직업이에요. 그래서 2일 근무하면 2일 휴식하는 거예요. 소속된 경찰서나 부서에 따라 근무 방식이 다르지만, 이 원칙은 지키려고 하죠. 경찰관도 다른 직장인과 마찬가지로 연차 휴가를 사용할 수 있어요. 소속된 부서의 사정에 따라 미리 일정을 조율해야 하는 건 있지만 대체로 법에 정해진 휴가를 사용할 수 있어요.

편 사건이 발생하거나 긴급 상황이 발생하면 예정된 근무시간을 지키지 못하는 경우도 생길 것 같아요.

윤 대규모 사건이나 집회, 자연재해 등 긴급 상황이 발생하면 경찰관은 비상근무에 투입될 수 있어요. 이 경우 예정된 휴일이 변경되거나 추가 근무가 이루어질 수 있죠. 사건 처리나 긴급 상황이 발생해서 초과 근무를 하는 경우는 시간 외 근무 수당 또는 대체 휴무를 받을 수 있어요. 경찰관은 안전과 치안을 유지하는 일로 근무시간이나 휴일이 유동적일 수 있지만, 체계적으로 교대 근무가 이루어져 가능한 균형 있는 휴식을 취할 수 있도록 하고 있어요.

편 영화나 드라마에서 보면 범죄 수사를 하는 형사는 며칠씩 집에 들어가지도 못하고 잠복근무를 하거나 사건 해결을 위해 초과 근무도 하던데, 실제로도 그런가요?

윤 사건이나 상황에 따라 달라요. 근무시간 안에 잠복근무나 기타 행정적인 업무를 처리하는 게 일반적이지만 잠복근무를 오랜 기간 해야 하거나 처리할 사건이 많을 때는 초과 근무를 하죠. 그런 때는 초과근무 수당을 신청할 수 있어요. 또 웬만하면 정해진 근무시간을 지키려고 하지만 퇴근 시간이 되었다고 바로 자리를 떠날 수 없는 긴급한 상황도 있어요. 범인을 잡을 단서를 찾았다거나 범인이 이동하는 경로를 알아내 추적하는 중이라면 퇴근 시간 같은 것을 생각할 겨를 없이 쫓아요. 그래서 형사 중에는 개인적인 시간을 포기하고 범인을 잡는데 온 정신을 쏟는 사람도 있지요. 형사라면 또 그런 사명감이 있어야 하고요. 그렇지만 특별한 경우를 제외하고 정해진 근무시간을 지키려고 하고 있어요. (웃음)

형사가 사용하는 장비는
어떤 것들이 있나요

편 형사가 사용하는 장비는 어떤 것들이 있나요?

윤 사용하는 목적과 용도에 따라 다양한 장비들이 있어요. 가장 흔하게 112에서 신고를 받고 폭행 현장에 출동하는 경찰이라면 호루라기, 전자충격기, 수갑, 삼단봉이라고 부르기도 하는 호신용 경봉이나 진압봉, 휴대용 무전기 등을 착용해요. 범죄 현장에 출동하는 형사도 마찬가지로 본인이 사용하기 편한 장비를 소지하고요. 하지만 단순 시비가 아니라 좀 심각한 폭력 현장이나 사건 현장에 출동할 때는 방탄방검복과 같이 신체를 보호할 수 있는 장비를 착용하고 때에 따라 실탄이 장전된 총을 소지하기도 해요.

편 경찰은 이 밖에 또 어떤 장비를 사용할 수 있나요?

윤 경찰이 수행하는 업무가 워낙 방대해서 사용할 수 있는 장비를 일일이 소개하기는 어려워요. 그렇다고 비밀스러운 특별한 장비가 있는 것은 아니에요. 영화나 드라마 등을 통해 여러분도 알고 있는 장비들이 많을 거예요. 예를 들면 범죄 현장에 출동하는 경찰관은 현장감식가방을 챙기는데, 그 안에는

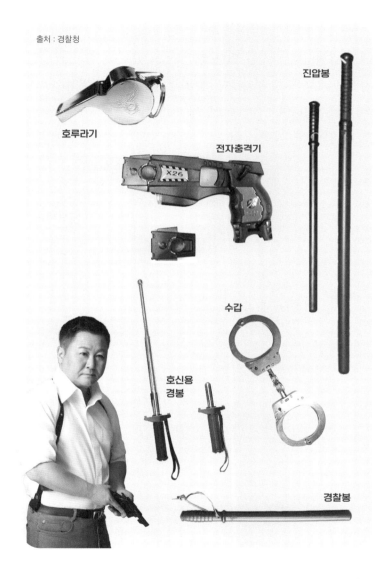

출처 : 경찰청

진압봉

호루라기

전자충격기

X26

수갑

호신용
경봉

경찰봉

범죄 현장 감식을 위한 각종 감식 도구가 들어 있어요. 그 밖에도 검색이나 관찰을 위한 장비 등도 있고요. 헬기, 구급차, 견인차, 유조차, 호송용 승합차, 위생차 등 기동을 위한 장비도 여러 가지입니다. 사건과 상황에 따라 적절하게 사용할 수 있도록 다채로운 장비를 갖추고 있다는 정도로 말할 수 있겠네요.

피의자 심문은 어떻게 하나요

편 피의자를 조사할 때 범행 자백을 받는 게 중요하다고 들었어요. 그런데 피의자들이 형사가 물어본다고 순순히 답해줄 것 같진 않은데요. 형사님만의 심문 노하우가 있으세요?

윤 어떻게 하든지 범행을 저지르지 않았다고 발뺌하는 게 조사받는 피의자의 마음이에요. 당연히 마음속에 숨기고 있는 게 많아서 바짝 긴장하고 있어요. 그러면 피의자가 더 말을 안 한단 말이에요. 그때는 피의자의 마음을 풀어주는 말이나 행동을 해요. 저는 일부러 전문 범죄 용어를 모른 척하면서 다른 형사한테 전화를 걸어서 "야, 그거 있잖아. 이런 걸 뭐라고 하지? 왜 있잖아, 그거 그거!" 하고 물어보면 피의자가 저도 모르게 막 웃으면서 자기가 말을 해요. 긴장이 풀어진 거죠. 사실 심각한 상황이라 피의자가 경직돼 있는데 그렇게 긴장이 풀어지면 말을 곧잘 해요. 상대방의 심리를 풀어주고 저는 원하는 답을 얻는 거죠.

편 경계를 안 풀고 입을 꾹 다물고 있는 피의자도 있을 것 같아요.

윤 조서를 쓸 때 기본적으로 확인하는 문항이 있어요. 가족관계, 학력, 종교, 몸무게, 주량, 흡연 여부, 군복무 여부, 월수입, 재산 상태 등에 관한 질문을 하고 피의자의 대답을 기록에 남겨요. 형사들이 가지고 있는 조서의 문항에는 가족관계는 어떻게 되나요, 몇 년도에 어느 초등학교를 졸업했나요 등으로 아주 건조하게 쓰여있단 말이에요. 저는 피의자를 보고 대상에 따라 좀 다르게 접근하죠. 피의자가 저보다 한참 어리고 폭력이나 마약 관련한 사건으로 들어온 남성이라면 "초등학교는 어디 나왔냐, 그때는 성격이 어땠냐?" 이렇게 반말을 하면서 동네 아저씨처럼 친근하게 물어봐요. 성격이 어땠는지 물어보라는 문항은 없는데, 이렇게 운을 떼면 피의자가 옛날 생각 하면서 성격이 어땠다고 답하죠. "어, 지금은 그렇게 안 보이는데 어렸을 때는 그랬구나" 이렇게 맞장구도 쳐주고, 무도 단증이 있는지 물어보라는 조항에서는 "너 싸움 잘했을 것 같은데 무도 단증은 있냐?"하고 물어보죠. 재산 관계를 물을 때도 "너 모아둔 돈 얼마야? 한 달에 얼마 벌어?" 이렇게 물어보면서 심각한 분위기를 좀 누그러뜨리죠.

편 피의자 신문조서를 꾸밀 때 질문 항목이 정해져 있는 거네요.

윤 중범죄든 경범죄든 조서를 받는 모든 피의자에게 공통으로 물어보는 문항이 있고 범죄의 종류에 따라 물어보는 문항이 따로 있어요. 기본적인 질문이 끝나면 "피의자는 금일 어떤 일로 조사를 받게 됐나요?" 하고 본격적으로 육하원칙에 따라 추궁하죠. 보통 조서를 쓸 때는 5시간이 넘게 걸려요. 그 시간 내내 형사는 묻고 피의자가 답하면 기록하죠. 그런데 그 시간 동안 내내 조서만 쓰면 피의자가 더 경직돼서 진척이 없을 때도 있어요. 그럴 때는 "잠깐 바람 좀 쐴래?" 하거나 흡연하는 피의자에게는 "담배 한 대 피울래?" 이렇게 해서 잠깐 밖으로 데리고 나와요. 경계심이 풀리는가 싶으면 제가 "야, 너 그때 왜 그랬어?" 그러면 피의자가 "아니, 그게 아니라요"하면서 얼결에 대답을 해요. 그렇게 편안하게 대화하고 들어와서 다시 범죄사실을 인정하냐고 물어보면 피의자는 안 했다고 거짓말을 하죠. 그럼 "아까 했다면서"하고 들이대면 꼼짝 없이 시인해야 해요.

편 상대가 경계를 허물고 틈을 보이면 자연스럽게 실토하게 만드시는 거네요. 〈범죄도시〉에서 마동석 배우가 폭력배들 조사하는 형사의 모습이 저절로 떠올라요. 가볍게 물어보는 것 같아도 상대방의 허점을 바로 찌르시는데 그게 형사님의 노하우였군요.

🔵윤 범죄 수사는 조서가 전부예요. 조서에 쓰인 대로 범죄사실이 인정되고 형량이 결정되는 거예요. 그래서 범죄사실에 대한 총괄적인 내용이 다 들어 있어야 해요. 그걸 자백받아 내는 게 형사의 일이죠.

🟠편 조사하기 힘든 피의자도 많을 것 같아요.

🔵윤 형사를 가지고 놀려고 하는 범인도 있어요. 조사도 여러 번 받고 감옥도 여러 번 들락날락한 폭력사범이나 마약사범들은 그런 경우가 많죠. 한 번은 마약사범을 잡았는데 자기가 마약 유통하는 판매책을 알려줄 테니까 함께 잡힌 여자 친구는 풀어달라고 거래를 하자더라고요. 판매책을 잡으면 형사들은 특진의 기회가 있어요. 당연히 혹하는 거죠. 근데 제가 안 된다고 했어요. 그러고는 피의자를 좀 압박했죠. "내가 지금 판매책 잡으러 온 거 아냐. 너하고 네 여자 친구 잡으러 온 거지. 형량 줄이고 싶어? 지금 네가 지은 죄 다 말하고 그걸로 형량 나오면 그때 얘기해, 그럼 내가 형량 줄이게 도와줄게." 그래서 그 두 사람만 재판에 넘기고 구속됐어요. 근데 나중에 구치소에 가서 접견하면서 물어보니까 "웬만한 형사는 다 속는데 안 속네요" 하더라고요. 말하지도 않을 거면서 형사들 속여서 이득을 보려고 한 건데, 저는 못 속여요. 저랑 함께 마약사범 접견

간 후배 형사가 저한테 배워야겠다고, 수사 경력이 말해주는 것 같다고 하대요. (웃음) 저는 형사라면 깡다구가 있어야 한다고 생각해요. 요즘은 피의자 인권이 너무 높아져서 형사가 욕했다고 피의자가 경찰관을 고소하는 일도 있어요. 그런 상황을 악용하는 피의자들한테 휘둘리면 수사 못해요. 형사를 손에 쥐고 휘두르려고 하는 범인들을 속수무책으로 가만히 보고만 있으면 어떻게 수사가 되겠어요.

🔗 상습 마약사범 검거 후 피의자 주거지에서
숨겨 놓은 마약을 찾기 위해 수색하는 장면

범죄자를 끝까지 추적해 검거하는
형사

인지수사가 무엇인가요

편 형사는 사건 접수가 되면 그때부터 수사를 진행하나요? 아니면 사건이 발생할 것 같은 예감이 들 때도 수사할 수 있는 건가요?

윤 신고가 들어오거나 누군가 고소 고발하는 사건을 수사하는 건 형사로서 당연한 일이죠. 그런데 사건이 발생하기 전에 그것을 인지하고 미리 수사하는 것도 형사가 할 일이에요. 이걸 인지수사라고 해요. 사건이 발생하거나 드러나기 전에 숨어있는 범죄를 찾아내는 걸 말하죠. 어떤 사건이 언론에 나오면 기자들이 형사들에게 "이 사건은 인지한 건가요? 아니면 발생한 건가요?"하고 물어봐요. 큰 사건이 세상에 드러나기 전에 사건을 인지하고 범인들을 검거하면 더 인정받아요. 드러난 사건보다 드러나지 않은 사건을 파헤치는 게 더 어렵기 때문이죠.

편 사건이 발생하기 전에 사건이 발생할 것을 예상하거나 범죄행위가 진행되고 있다는 것을 감지한다는 건데, 어떻게 그게 가능한가요?

윤 형사들은 평소에 정보수집 활동을 많이 해요. 관리하는 대상들이 좀 이상하게 움직이는 것 같으면 관련된 사람들에게 전화해서 "요즘 그 친구 뭐 해?" 물어서 누가 어디를 기웃거린다거나 뭔가를 하고 있다는 정보를 수집해요. 전화가 안 되거나 전화로는 충분한 정보를 얻지 못할 것 같으면 찾아가요. 얼굴을 보고 얘기를 하면 뭔가 있는데 숨기고 있다거나, 알고 있는데 말하지 않는 게 있다거나, 진짜 모르고 있다거나 하는 것을 느낌으로 알 수 있죠. 이렇게 발로 뛰면서 정보를 수집하고 수사해서 범죄가 드러나기 전에 범인을 검거하는 거예요. 사실 쉽지 않은 일이죠.

편 인지수사는 강력팀이나 형사팀 같은 데서 주로 하는 건가요?

윤 어떤 범죄든 인지수사가 가능해요. 수사과에 있는 지능팀이나 경제팀도 할 수 있죠. 경제팀은 기사에 흔히 등장하는 사기, 횡령, 배임과 같이 돈과 관련한 범죄를 수사하는데, 제보가 있거나 정보를 얻거나 하면 인지수사에 들어갈 수 있어요. 그리고 지능팀은 특별법과 관련한 범죄 수사를 많이 해요. 부동산특별법, 집회와시위에관한특별법, 의료특별법, 선거특별법 등등 우리나라에는 여러 특별법이 있어요. 그와 관련한 사건은 거의 지능팀이 수사를 하죠. 이것도 마찬가지로 인지수사가 가능하고요. 영화의 소재가 된 〈범죄도시〉 1편의 중심 사건은 인지수사의 예이고, 〈범죄도시〉 2편은 발생한 사건을 해결한 예입니다.

조직폭력배 관리도 중요한 업무인가요

🔵편 가끔 어떤 폭력 조직에서 무슨 일을 벌였다는 뉴스를 보면 조직폭력배는 사라지지 않는구나, 생각하게 돼요. 그래도 예전보다는 일반 사람들의 눈에 띄는 것은 아닌 것 같은데, 아직도 조직폭력배가 꽤 있나요?

🔵윤 예전 영화에는 폭력배들이 시장 상인들이나 유흥업소에서 돈을 뜯어 가는 장면이 나와요. 그런데 요즘엔 그렇게 대놓고 범죄를 저지르는 조폭은 많이 줄었어요. 왜 '가오'라는 게 있잖아요? 조폭도 기업화돼서 그렇게 체면을 구기는 잔챙이 짓은 하지 않아요.

🔵편 그럼 요즘의 조폭은 어떤 일을 하나요?

🔵윤 돈에 따라 움직이죠. 합법과 불법의 경계가 모호한 일을 해요. 어떤 시장의 상인회를 장악해서 상인들에게 임대를 내주고 월세를 받는다거나, 상인회의 발전 기금이라는 명목으로 상인들에게 돈을 조금씩 걷는다거나 하는 일이에요. 이런 사정을 모르고 시장에서 장사를 시작하려는 사람들은 황당한 경험을 하기도 해요. 난데없이 조직폭력배가 나타나서 장사를 하려면 매달 얼마를 내라, 상인회랑 조폭이랑 이미 다 약정이

되어 있다, 관리하는 데 쓰는 돈이다, 이렇게 말하니까요. 불법적인 이권이 큰 곳을 살펴보면 또 조폭이 많이 몰려 있어요. 원래 불법적인 일이 큰돈이 되잖아요. 그래서 그런 쪽에서 용병처럼 움직이기도 하고 그 이권을 차지하기 위해 조폭들끼리 다툼도 하고 그래요. 이건 일반인들이 잘 모르는 이야기죠.

편 형사님이 모델이 되었던 영화 〈범죄도시〉 1편에 보면 두 조직의 보스를 불러서 화해시키고 그러잖아요. 제가 놀랐던 것은 '어떻게 조폭이 형사의 말을 저렇게 잘 들을 수가 있지? 그게 가능한가?'였어요. 이게 실제 있었던 일인가요?

윤 영화니까 재미를 위해서 과장된 게 있지만 실제로 조폭들이 제 말을 듣게 만들기는 했어요. (웃음) 제가 서울경찰청 폭력계에 있을 때 조폭 관리를 했어요. 지금은 얼굴이 순둥순둥해졌다는 얘기를 많이 듣는데 당시에는 제가 조폭들이랑 같이 앉아 있으면 누가 조폭이고 누가 형사인지 모를 정도로 외모가 비슷하다는 말을 많이 들었어요. 그런데 조폭을 관리하려면 그 정도는 돼야 해요. 조폭을 관리하려면 말을 듣게 해야 하는데 그냥 형사라고 밝힌다고 조폭이 '네네, 형사님' 하고 따르겠어요? 형사가 자기들보다 세 보여야 하고 권위가 있어야 해요. 그래야 폭력배 조직원이 무슨 범죄에 연루되었을 때 두

목이나 관리자한테 연락해서 "너, 누구 빨리 자수시켜라. 내가 전화번호 찍어줄 테니까 이 전화번호로 연락해서 자수하라고 그래. 안 그러면 내가 잡으러 간다!" 이렇게 말할 수 있죠. 잡으러 뛰어다니면 관리가 아니에요. 관리는 조폭을 내려다보면서 합법적인 테두리 안에 가둬두는 거지 불법을 저지를 때를 기다렸다가 잡는 건 아니죠.

🔗 초임 형사 시절

유치장은 어떤 용도로 쓰이나요

편 경찰서에 가면 사람들을 일시적으로 감금하는 유치장이 있어요. 어떤 용도로 쓰이나요?

윤 경찰서 유치장은 주로 체포된 사람을 일시적으로 가두기 위한 시설이에요. 유치장에 구금되는 이유는 다양해요. 범죄 혐의로 체포된 용의자들이 조사와 심문을 받기 위해 감금된 경우, 경범죄나 경미한 법 위반으로 체포된 사람들을 가둬두고, 공공장소에서 술에 취해 난동을 부리거나 위험한 행동을 하는 사람들도 잠시 유치장에 감금될 수 있죠. 또 법원이나 다른 교정시설로 이송되기 전까지 잠시 유치장에 머무는 사람들도 있어요. 이 밖에도 여러 이유로 체포된 사람들이 유치장에 일시적으로 감금될 수 있어요. 유치장은 보통 짧은 기간만 사람들을 감금하는 시설로 장기적인 수감은 교도소나 다른 교정시설에서 이루어지죠. 예전에는 거의 모든 경찰서에 유치장이 있었는데 요즘엔 유치장이 없는 경찰서들이 많이 생겼어요.

편 유치장은 수용할 수 있는 인원이 적을 것 같은데, 감금할 사람은 많고 공간이 없을 때는 어떻게 하나요?

윤 종로에서 시위가 있었는데 거기서 폭력 사태가 일어났다면 잡혀 오는 사람이 몇십 명을 넘어 몇백 명이 될 때도 있어요. 담당 지역인 종로경찰서에 그 인원을 다 수용하지 못하니까 주변 경찰서에 분산 수용해요.

🔵 **편** 집회 관련해서 잡혀 온 사람들이 아직도 많나요?

🔵 **윤** 요즘엔 집회 문화가 좋아졌어요. 성숙해졌다고 할까요. 예전에는 폭력 사태도 많이 일어나고 했는데 요즘엔 덜하죠. 그런데도 가끔 집회와 시위에 보장된 범위를 넘어서 과격하게 행동하거나 법규를 어기는 사람들이 있어요. 주로 이런 사람들이 경찰서에 잡혀 오는데 즉결심판에 부쳐도 대부분 무죄가 나오죠. 그래도 이런 사람들을 잡아서 잠깐이라도 감금하는 이유는 안전상의 문제 때문이에요. 사람들이 많이 모여 있는 자리에서 과격한 행동이 나오면 그게 금방 불길처럼 퍼질 때도 있어요. 그러면 참가자들뿐 아니라 경찰들에게도 피해를 입힐 수 있기 때문에 문제 예방을 하는 차원도 있습니다.

형사의 고충은 무엇인가요

(편) 사건 현장이 다양하겠지만 그중에서도 싸움이 났다거나 난동을 부리는 사람이 있다는 신고를 받고 출동할 때는 긴장될 것 같아요.

(윤) 그런 현장에 출동할 때는 팀으로 움직여야 해요. 난동을 부리는 사람이 한 사람이라도 칼이나 무기가 될 만한 것을 소지하고 있다면 1대1로 붙어서 제압해야겠다고 생각하면 안 돼요. 상대가 최대한 다치지 않게 안전하게 제압해야 하니까 총이나 봉이 있어도 무력을 쓰는 게 한계가 있어요. 그러니까 혼자 상대를 제압할 게 아니라 팀으로 움직여서 안전하게 제압해야 해요. 또 현장에 나왔더니 한 명이 아니고 두세 명이 난동을 부리고 있어요. 그러면 여러 명이 필요하고 현장 상황에 맞게 역할을 나눠서 제압해야 해요. 이때는 각자 맡은 역할을 해 내야 하므로 경찰끼리 신뢰하는 마음이 중요하죠. 의리도 필요하고요.

(편) 현장에 출동했을 때 느끼는 고충이 있을까요?

(윤) 경찰도 출동할 현장에 따라 총이나 봉 같은 무기를 소지하기도 해요. 그런데 가지고 간다고 막 쓸 수 있는 것도 아니

에요. 범죄 행위를 한 사람이라도 인권 보호 차원에서 가능하면 안 다치게 제압해서 호송하는 게 원칙이에요. 무기를 소지하고 있는 사람을 상대할 때도 경찰관은 무기 사용을 최소화해야 해요. 요즘 싸움이 났다는 현장에 출동해 보면 사람들이 싸움 구경을 하면서 말리지 않고 다들 핸드폰으로 영상만 찍어요. 이런 게 나중에 문제가 많이 돼요. 사람들이 일부 영상을 올려서 경찰이 무력으로 무고한 시민을 심하게 제압했다, 공권력을 심하게 남용했다고 비난하는 경우가 많죠. 또 지나치다고 판단되면 현장에 있었던 경찰관이 처벌도 받고요. 영상을 찍는 사람들 처지에서는 무기를 들고 있는 난동자가 그렇게 많이 위험해 보이지는 않을 수 있지만 그 사람을 상대하는 경찰관 눈에는 위험이 더 크게 보여요. 더 큰 피해가 없도록 확실하게 제압하려다 보면 심하게 제압하는 것으로 보일 수도 있어요. 그런데 과잉 진압한다는 비난이 있으니까 사실 나서기를 망설이는 경찰관들도 있어요.

한 번은 후배와 함께 현장 출동해서 제가 막 범인을 붙잡고 체포하려고 어깨를 꺾고 있는데 후배가 뒤에서 조용히 보고만 있는 거예요. 둘이 나갔는데 협조를 안 하고 구경꾼처럼 있으면 어쩌자는 걸까요? 나중에 제가 불러서 왜 그랬냐고 물어봤더니, 체포 과정에서 과잉 대응으로 징계받을까 봐 그랬다는 거예요. 예전엔 형사가 피의자를 보고 피하는 건 상상도 못 했는데, 요즘엔 여러 이유로 그런 경우가 좀 있기는 해요.

편 피의자를 체포하는 과정에서 문제가 되는 예도 있나요?

윤 피의자를 체포할 때 절차적인 문제가 발생하면 무죄가 돼요. 음주단속의 예를 들어볼게요. 음주 측정을 거부한 운전자가 있어요. 여러 번 얘기했는데도 거부해요. 만약 이때 경찰관이 강제로 입에 측정기를 물려서 측정했다면 이건 절차를 어긴 것이어서 음주 운전을 했더라고 절차상의 문제로 운전자는 처벌받지 않아요. 이런 문제는 많이 있죠. 예전에는 강력범이 잡혀 왔는데 자백을 안 하면 형사들이 때리기도 했어요. 그러면 또 순순히 자백하니까요. 그런데 요즘엔 그러면 안 돼요. 말을 안 하면 잘 구슬리든지 어떻게든 말하도록 유도해야지 때리는 건 안 되는 거예요. 독직폭행이라고 해서 큰 처벌을 받습니다.

편 독직폭행이 뭔가요?

윤 수사 중에 경찰관이 피의자에게 수갑을 채우고 때리는 등 폭행을 가하면 고문에 준하는 행위로 봐요. 그걸 독직폭행이라고 해요. 독직폭행(瀆職暴行)은 공무원이 직무를 수행하는 과정에서 그 권한을 남용하여 사람에게 폭행을 가하는 행위를 의미해요. 주로 경찰이나 교도관 등 법 집행을 담당하는 공무원이 직권을 남용해 폭행을 저질렀을 때 적용돼요. 독직폭행은 직무와 관련된 폭력 사건으로, 일반 폭행보다 더 엄중한 처벌의 대상이에요. 대한민국 형법 제125조에 따라, 독직폭행을 저지른 공무원은 5년 이하의 징역 또는 10년 이하의 자격정지에 처할 수 있어요.

편 〈범죄도시〉 영화에 보면 형사들이 조사에 응하지 않는 피의자들에게 '진실의 방'이 필요하다고 말하는 장면이 나와요. 취조실 CCTV도 가리고 또 CCTV가 없는 사각지대로 데려가기도 하던데, 영화의 재미를 위한 장치지만 그 장면을 보면서 형사님들도 정말 힘드시겠다고 생각했어요.

윤 요즘엔 수사실 안에 CCTV가 다 있어서 피의자 조사 과정이 모두 녹화됩니다. CCTV가 있어서 좋은 것도 있고 곤란한 것도 있지요. 입을 굳게 다물고 묵비권을 행사하는 피의자나 본인이 해 놓고 절대 안 했다고 요리조리 빠져나가는 피의자를 대하는 건 쉽지 않은 일이라 CCTV로 녹화된 영상을 돌려 보며 피의자가 내보인 허점을 찾을 수 있다는 건 긍정적인 면이에요. 그런데 형사도 사람이다 보니 화가 나서 흥분하는 때도 있는데 그런 것을 악용하는 피의자도 있지요. 또 녹화를 너무 의식하면 오히려 형사가 긴장하게 되고, 그것을 피의자가 간파하면 오히려 피의자의 말장난에 농락당하는 수가 있어요. 범죄자들은 일반적인 사람들과 사고와 행동의 패턴이 달라요. 그러니 이것도 경험을 쌓으면서 스스로 조사하는 방법을 터득해 나가야겠죠.

형사의 매력은 뭐라고 생각하세요

편 형사를 비롯한 경찰관의 매력은 뭐라고 생각하세요?

윤 공식적인 행사할 때 국민의례를 하잖아요. 경찰관들이 다 제복 차려입고 태극기 앞에 경례할 때 기분이 참 좋아요. 경찰로서 자긍심이 있어요. 저는 형사니까 평소에도 사복을 입고 근무해요. 그래서 어디를 가도 제가 형사인 줄 모르죠. 범죄자들 빼고요. 범죄자들은 형사한테서 냄새가 난대요. '감빵 냄새'가 난다면서 귀신처럼 알아채던데 일반인은 그런 냄새가 뭔지도 모르니까 제가 뭐 하는 사람인지 몰라요. 저도 신경 쓰지 않고 있다가 무슨 일이 있어서 제복을 갖춰 입고 거울을 보면 나 자신이 멋있다는 생각이 딱 들어요. 또 동료 경찰관들과 제복을 갖춰 입고 의례에 참석했을 때, "아, 내가 자랑스러운 대한민국 경찰이구나!" 싶죠.

편 이 일을 하면서 보람을 느낄 때나 자랑스럽다는 생각이 들 때는 언제인가요?

윤 옛날, 신입 때부터 선배님들께 '형사는 무에서 유를 창조한다!'라고 배웠어요. 사건을 해결하고 범인을 잡을 때 느끼는 보람, 그건 마치 무에서 유를 창조한 것 같은 뿌듯함이죠. 이

런 개인적인 보람 말고 우리 경찰이 참 일을 잘한다고 느낄 때도 보람이 있어요. 일명 '계곡 살인 사건'이라고 들어보셨죠. 2019년에 가평 계곡에서 남자가 한 명 빠져 죽은 사건으로 당시에는 피해자가 물놀이 중에 목숨을 잃은 것으로 내사 종결됐어요. 그런데 보험회사가 보험사기를 의심해 아내에게 보험금 지급을 미루면서 가해자가 〈그것이 알고 싶다〉에 제보했어요. 담당 피디가 제보자와 인터뷰하는 중에 이상한 점을 느끼고 취재해서 2020년 10월 방송에 내보냈어요. 그 이후부터 수사가 진행되고 재판에 넘겨지기도 했는데 결정적인 증거를 확보하지 못해서 애를 먹었죠. 결국 형사들의 노력으로 살인, 살인 미수의 혐의를 입증할 수 있는 증거를 찾아냈어요.

편 특별히 이 사건이 어려웠던 이유가 있나요?

윤 처음에, 이 사건은 누가 살해했다고 볼만한 정황도 없었고 증거도 없었어요. 피해자가 스스로 뛰어내린 건 맞고, 현장에 있던 모든 사람이 물에 빠진 피해자를 보고서도 구해주지 않았지만 다 공범이었기 때문에 조서를 받을 때 다 몰랐다고 진술하니까 변사 사건으로 종결된 거죠. 보험회사에서도 의심은 가지만 증거가 없어서 보험금 지급을 미루고만 있었어요. 사실 보험회사에는 보험사기를 조사하는 경찰관 출신 조사관들이 많아요. 사기를 쳐서 보험금을 받아 가는 사람들이 많아서 자체적으로 조사관을 두고 있어요. 그런데 이 사건은 감으로는 딱 보험사기인데 증거를 찾을 수가 없어서 고전한 예지요. 언론에 드러난 사실만으로 봐도 일반적인 살인은 아니에요. 피해자가 가스라이팅 당한 정황을 밝히지 못했다면 단순 익사로 끝날 뻔했어요. 이런 어려운 사건을 경찰이 해결했다는 데서 이 일의 매력이라고 생각해요. 그리고 무엇보다 사건을 해결했을 때는 쾌감이 있어요. 그게 형사의 매력이죠.

미제 사건이 발생하면 어떻게 되나요

편 사건을 해결하려고 애를 썼지만 안타깝게도 해결하지 못하는 사건도 있을 것 같아요.

윤 그런 걸 미제 사건이라고 해요. 이런 일이 발생하면 힘이 빠지기도 해요. 형사로서 어려운 점은 수사를 마무리해야 하는 기한까지 해결 못 하는 거예요. 미제 사건도 경중이 있어요. 실종자를 기한 내에 찾지 못하거나 살인 사건의 범인을 잡지 못한 사건, 큰 피해를 주고 도주한 사기꾼을 검거하지 못해 미제 사건으로 남으면 형사로서 마음이 무거워요. 특히 살인 사건의 범인을 검거하지 못하고 장기 미제 사건으로 처리되면 피해자와 가족들에게 미안한 마음이 들죠. 그게 형사들의 잘못은 아닌데도 마음 한구석에 찜찜한 게 있더라고요.

보통 사건이 일어나면 3개월 이내에 사건을 해결하는 것이 규칙이에요. 간혹 큰 사건이 아닌데 마무리가 되지 않아 해결 기한을 넘기는 사건들이 있어요. 대개 범죄자가 출석하지 않고 도주를 한 경우인데요. 예전에 마약 하는 여자를 잡았던 적이 있어요. 구속할 정도의 사안은 아니어서 출석 요구서를 보냈더니 임신했다고 진단서를 보내와서 집으로 찾아가 간단한 조사만 받으면 된다고 말했더니 조사를 받으면 유산할 수도 있어서 못 하겠다는 거예요. 임신한 피의자가 조사를 받다가 유산하는 일은 잘 일어나지 않지만 정말 만약에라도 그런 일이 일어나면 곤란해지는 건 저예요. 제가 피의자 인권 침해로 고소당해요. 그러니 어떻게 해요, 출산하고 다시 조사하기로 하고 참고인 중지를 했죠. 이렇게 기소 중지를 하고 피의자가 출산하기를 기다렸어요. 그런데 출산할 즈음이 되자 연락도 안 되고 집에 찾아가도 없는 거예요. 도망간 거죠. 이런 일이 생기면 수배를 내리고 체포영장을 발부받아 집행해야 해요. 이렇게 조금 꼬이는 사건들이 있지만 대부분은 또 해결되기 마련이에요. 그러나 앞에서 말했듯이 살인 사건이나 사기 사건 등 중대한 사건인데 해결 기한을 연장해도 범인을 잡지 못한 사건들은 장기 미처리 사건으로 분류됩니다. 이런 사건들이 발생하는 건 찜찜할 일이지요.

이 일을 하면서 생긴
직업적인 습관이 있을까요

편 이 일을 하면서 생긴 직업적인 습관이 있다면 무엇일까요?

윤 의심을 많이 하게 돼요. 이게 직업병인 것 같아요. 근데 좋은 점도 있어요. 사업하는 친구들이 무슨 계약을 하러 갈 때 저를 불러요. 저는 같이 가서 옆에 앉아서 상대방의 말하는 입과 눈을 보죠. 뭔가 수상한 구석이 있으면 계약서에 도장 찍기 전에 틈을 봐서 저 사람이랑 일하지 말라고 하고, 또 괜찮은 사람 같으면 함께 일해도 좋겠다고 말하죠. 근데 참 신기하게도 이게 다 성공한 거예요.

편 말과 표정, 태도를 보면 그 사람이 어떤 사람이라는 게 느껴지세요?

윤 정확한 건 아니지만 어떤 성격이구나 하고 감이 오죠. 무슨 일이 생겼을 때 어떤 생각으로 어떻게 대처하겠다고 그려지기도 하고요. 모르는 사람들을 만나서 얘기할 때도 제가 "이런 스타일이시구나~"라고 말하면 다들 "어떻게 아세요?" 그러면서 깜짝 놀라요. 점쟁이도 저랑 바꾸자고 할 정도죠. (웃음)

편 들을수록 신기한데요. 사람을 파악하는 능력은 어떻게 생긴 걸까요?

윤 20여 년간 많은 사람들을 수사하다 보니 상대방 마음속에 있는 진실을 읽을 수 있는 통찰력이 생긴 게 아닐까요. 뭔가를 속이려고 한다거나 뭔가 말 못 할 비밀을 가진 범죄자들을 만나서 그들이 감추고 있는 진실을 캐내 서류에 모두 드러내야 하는 일이다 보니 경험이 쌓이고 범죄자들을 다루는 비결이 생기면서 범죄자가 아닌 사람들이라도 상대방의 성격을 잘 알 수 있게 된 것 같아요. 이건 저뿐만 아니라 대한민국 형사들이 다 그럴 거예요. 형사들은 솔직히 감이 정말 좋아요. 범죄를 알아차리는 감, 범죄자를 알아보는 감이 다 있죠. 이게 없으면 형사 하기 힘들어요.

스트레스는 무엇이고,
어떻게 해소하나요

편 경찰관으로서 받는 스트레스는 어떤 게 있을까요?

윤 저는 잡아야 할 범죄자를 못 잡았을 때 스트레스가 확 쌓이죠. 피해자를 생각하면 범죄를 저지른 사람한테 엄청 화가 나요. 빨리 잡아서 죗값을 치르게 하고 싶은데 마음처럼 빨리 못 잡을 때가 제일 힘들죠. 처리해야 할 서류가 많아서 스트레스 쌓인다고 하는 사람도 있는데, 서류야 시간이 걸리는 거지 어려운 일은 아니에요. 잡아야 할 범인이 잡히지 않으면 조사하느라 며칠 잠을 못 자도 힘든 줄 모르겠어요. 오늘 못 자면 내일 자면 된다는 마음이에요. 형사로서 가장 힘든 일은 역시 범인을 빨리 못 잡을 때죠.

편 스트레스는 어떻게 해소하세요?

윤 범인을 잡으면 스트레스가 확 풀려요. (웃음) 저는 원래 스트레스가 별로 없어요. 힘들면 힘든 대로 일하는 거지, 힘들 때 스트레스 쌓인다고 생각하지 않아요. 다만 힘든 일을 해결하고 나면 기분 전환할 거리를 찾죠. 특히, 노래 부르는 걸 정말 즐기고 좋아해서 목청껏 노래를 부르고 나면 기분이 좋아져요. 또 여행 가는 것도 좋아해요. 광역수사대에서 근무할 때는 범인을 잡으러 전국을 많이 돌아다녔어요. 안 가본 곳이 거의 없을 만큼 다녔으니까 어디의 특산물은 뭐고 맛집은 어디인지도 많이 알게 되었어요. 저는 팥이 듬뿍 들어간 경주빵을 아주 좋아해서 가끔 그 맛이 생각나면 경주에 가요. 또 휴일이면 대포항에 가서 회도 먹고, 갈치 철이면 제주도에 가서 갈치 먹고, 부산 자갈치 시장에 가서 꼼장어도 먹죠. 제가 24살에 경찰관이 되고 26살부터 형사를 했으니까 20년 넘게 전국을 돌아다니며 잠복근무를 엄청 많이 했어요. 그러다 보니 자연히 전국 방방곡곡을 돌아다니게 된 거죠. 요즘엔 잠복근무는 안 해서 일하려고 가는 경우는 거의 없지만 쉬는 날엔 그때 알아놓은 곳으로 여행을 가서 기분 전환을 하고 오죠.

다른 사람들도 대체로 비슷한 것 같아요. 운동을 하면 스트레스가 풀린다는 사람도 있고 여행을 한다는 사람도 있죠. 각자 본인이 좋아하는 취미생활로 스트레스를 해소하는 것 같아요. 시간이 여유롭지 않을 때는 경찰서 안에 체력 단련실에 가서 운동하며 기분 전환을 하는 사람도 있지요.

형사의 미래를 어떻게 예상하세요

편 형사를 비롯한 경찰관의 미래를 어떻게 예상하세요?

윤 범죄가 없는 세상은 아직 없는 것 같아요. 과거에도 그랬고 현재도, 미래도 마찬가지일 거예요. 가까운 조선시대에도 지금 일어나는 범죄는 다 있었어요. 마을마다 깡패도 있고, 도둑도 있고, 살인 사건도 있었죠. 미래에도 마찬가지로 범죄가 없어지지는 않을 것 같아요. 그러니 형사라는 직업도 없어질 수가 없겠죠.

편 형사의 역할은 인공지능이 대체하지 못할 것이라는 예측이 있어요. 왜 그럴까요?

윤 몇 가지 이유가 있을 것 같아요. 먼저 형사는 현장에서 발생하는 복잡하고 예측할 수 없는 상황에서 빠르고 정확한 판단을 내려야 해요. 그런데 AI는 데이터를 분석하고 패턴을 예측하는 능력은 뛰어나지만, 현장의 환경을 이해할 수가 없겠죠. 그러니까 현재 상황에서 다음 단계에 해야 할 일을 판단하는 게 어려울 거예요. 이런 일은 경찰관의 직관과 경험이 매우 중요하게 작용해요. 그리고 경찰관은 사람들을 많이 대하는 직업이에요. 친분을 쌓는 관계가 아니라 갈등 상황에서 사람들과 대화하고 협상하면서 문제를 해결해야 하는 거예요. 피해자, 목격자, 가해자 등 다양한 처지인 사람들과 대화해야 하는데, 이 사람들의 감정을 이해하고 적절히 대응해야 신뢰가 쌓이고 상황을 안정시킬 수 있어요. 또 예리하게 상황 파악을 해서 민감하게 반응해야 할 때도 있죠. 감정을 느끼거나 생각할 틈이 없이 몸이 앞서 나가서 위험한 상황을 해결해야 할 때도 있고요.

편 사건이 벌어지고 있는 현장이나, 범죄에 연루된 사람들을 만나는 일 등은 정말 사람이 아니고서는 할 수 없는 일인 것 같아요.

윤 긴급한 상황이 벌어질 때는 사람만이 해결할 수 있어요. 인명을 구조해야 하거나, 범인을 추적하거나, 교통사고를 처리하는 일 등은 인간적인 판단이 필요해요. 또 형사는 상황에 따라 윤리적 판단을 내려야 할 때가 있어요. 누가 어떤 잘못을 했는지 하는 비교적 간단한 판단부터, 상황에 따른 범죄의 경중을 판단해 가중처벌이 따르는 일인지, 선처가 가능한 일인지 등도 판단하죠. 만약 AI에 이런 판단을 맡긴다면 결과가 단순명쾌할 수는 있지만 너무나 명쾌해서 이득을 보는 가해자나 억울한 피해자도 생길 수 있어요. 형사의 업무가 사람의 일이

범인을 검거한 현장에서 미란다 원칙을
고지하고 체포한 장면

다 보니 그런 복잡함이 있죠. 그래서 AI는 형사의 업무를 지원
하고 특정한 작업을 맡겨 효율적으로 사용할 수 있지만 형사
의 다면적이고 인간적인 역할을 완전히 대체하기는 어려울 거
예요.

미래에는 어떤 범죄가 발생할까요

편 미래의 범죄는 좀 다를 것 같아요. 어떻게 예상하세요?

윤 세상이 변화하는 만큼 범죄 수법도 다양해지고 있어요. 지금도 범죄는 최첨단을 달리며 진화하고 있어요. 어떻게 보면 사회 변화의 최전선에 있는 셈이죠. 우리나라에는 특별법이 많다고 했잖아요. 그런 법이 제정된 이유는 일반적인 법률로는 해결하기 어려운 특정 정황이나 문제가 발생하기 때문이에요. 예를 들어 자연재해가 발생한 지역을 지원하거나, 특정 지역의 개발이나, 특정 산업을 보호할 목적 등으로 특정한 상황이나 문제를 해결하기 위해 만들어요. 한편으로는 기존의 일반법이 빠르게 변화하는 사회적 요구를 충분히 반영하지 못하거나 특정 문제를 해결하는 데 한계가 있을 때도 제정해요. 이를 통해 기존 법률의 빈틈을 메우고 더 구체적이고 실질적인 규제를 적용해요. 그런데 범죄는 이런 법률의 빈틈에서 창궐하는 특성이 있어요. 디지털 범죄를 예로 들어볼게요. 이 범죄는 빠르게 변화하고 발전하는 기술과 관련이 있어요. 기술은 법보다 빠르게 발전하므로 새로운 기술을 사용한 범죄는 일반법과 기존에 제정된 특별법으로 처벌할 수 있는 근거가 부족할 때가 있어요. 새로운 유형의 범죄가 등장했을 때 기존 법률이 이를 정확하게 규정하지 못하면 처벌이 어려울 수 있거든요. 일 예로 어떤 사람이 특정한 기술적인 수법으로 디지털 범죄를 저질렀어요. 이게 윤리적으로 범죄가 되는 것인데 기존 법률에는 그 수법이 범죄라고 명확하게 규정되어 있지 않아요. 이런 경우는 법률이 없어서 처벌이 어려울 수 있는 거죠.

편 디지털 기술을 잘 알고 있는 사람이 범죄를 저질러도 법률에 규정되어 있지 않으면 처벌이 어렵다는 거네요.

윤 그렇죠. 디지털 범죄는 복잡한 기술적 특성이 있잖아요. 이걸 모르면 적절하게 대응하기가 어려워요. 그래서 법률 전문가도 지식을 쌓겠지만 형사와 수사관들도 새로운 기술에 관한 공부를 해야 해요. 디지털 범죄뿐 아니라 전문적인 업종의 전문가들이 범죄를 저질렀을 때는 그들보다 더 잘 알아야 범죄를 입증할 수 있어요. 그 사람들도 법률 지식이 있기 때문에 빠져나가는 방법을 알고 있는 경우가 많아요. 그러면 어떤 것을 위반했고, 증거는 무엇이라고 내밀어야 범죄사실을 시인하는 거죠. 이게 수사하는 처지에서는 굉장히 어려운 일이죠. 앞으로는 더 첨단화한 범죄가 많이 발생할 거예요. 또 비대면 범죄도 점점 증가하고 있어요. 휴대폰이나 인터넷으로 접촉해서 범죄를 저지르고 돈은 비트코인처럼 추적하기 어려운 계좌로 받으면 증거를 수집하기가 어렵죠. 코인 회사들은 본사가 거의 외국에 있어서 자료를 요청하면 보안 사항이라고 협조를 잘 안 해요. 범죄자들도 외국에 거주하는 경우가 많은데 이렇게 국경을 넘어가면 해당 국가와 협력하는 것도 쉽지 않은 일이에요. 범죄인 인도에 관한 협약이 맺어진 국가도 쉽지 않지만, 그런 조약도 없는 나라에 있으면 현실적으로 범인을 검거하는 것은 불가능에 가까워요.

편 범죄가 나날이 진화하고 있다는 게 어떤 뜻인지 알 것 같아요.

윤 예전에는 사기 사건이라면 대부분 아는 사람에게 당했어요. 사기 수법도 사람들에게 많이 알려져서 그런 사기가 안 통하는 경우가 많죠. 그러니까 사기 수법도 진화하는 거예요. 그뿐 아니라 범죄의 유형도 과거와 상당히 달라졌어요. 신종 수법을 사용한 범죄, 여태 듣지도 보지도 못한 신종 범죄도 많이 발생하는 게 현실이에요. 결국 앞서가는 범죄를 해결하기 위해서 형사를 비롯한 모든 경찰이 부단히 노력하는 수밖에 없어요.

다른 분야로 진출할 수 있나요

편 다른 분야로 진출할 수 있나요?

윤 형사를 그만두고 다른 일을 하고 싶다면 얼마든지 가능해요. 수사하는 방법도 알고 법도 잘 아니까 형사 출신을 환영하는 기업이 많아요. 보험회사도 그중 하나로, 자체적으로 보험사기를 적발하기 위해 보험사기 조사관을 두거나 특별조사팀을 운영하는 회사가 있어요. 거기서 일하는 사람들의 역할은 보험 청구가 정당한지, 혹은 부정한 방법으로 이루어졌는지 조사하는 거예요. 지나치게 많은 보험 청구를 하거나, 사고 상황이 비정상적으로 보이는 등 의심스러운 정황이 발견되면 사고 관련자나 목격자를 인터뷰하고, 사고 현장 조사를 통해 사실 관계를 확인해요. 또한, 경찰 보고서, 병원 기록 등 다양한 자료를 수집해 분석도 하죠. 필요한 경우에는 의사나 기술자, 법률 전문가 등과 협력해서 사기 여부를 판단하고요. 여기까지만 봐도 왜 경찰 출신이 보험사기 조사관으로 적합한지 알수 있죠. 경찰이 수사하는 것과 거의 같아요. 또 법률 지식도 풍부하고 신속하게 판단하고 대응하는 능력이 있으니까 보험사기 조사도 빠르고 정확하게 판단하는 거죠. 수사 경험이 많은 형사 출신이 복잡한 보험사기 사건을 해결한 때도 많아요.

또 현직에 있는 형사들과 네트워크도 있으니까 필요하면 추가적인 정보도 얻을 수도 있고, 경찰에 사건을 의뢰해서 사기범들을 검거하고 처벌받게 도움을 줄 수도 있고요.

편 또 어떤 분야로 진출할 수 있나요?

윤 보안 및 경호 분야로도 많이 이직해요. 대기업이나 금융기관에서 보안이 중요하다는 건 아실 거예요. 실제로 다양한 유형의 위협이 있죠. 기업의 자산이나 기밀 정보, 장비 등을 대상으로 한 도난 사건이 발생할 수도 있고, 회사 건물에 무단으로 침입하거나, 설비와 시설을 파괴하려는 시도가 있을 수 있어요. 또 직장 내에서 직원들 사이에 갈등이 발생하거나 외부인의 침입으로 인한 폭력 사건이 발생할 수도 있고요. 이런 물리적 위협이 있을 때 경찰관 출신의 보안 전문가는 수사 능력을 발휘해 위기를 관리해요. 경찰에 바로 신고하는 때도 있지만 외부로 알리기 어려운 보안 문제가 있으면 기업 내에서 일하는 경찰관 출신의 보안 전문가나 조사관이 먼저 조사하고 신속하게 대응해서 기업의 평판을 보호하는 데 기여합니다.

　그리고 경호 분야도 많이 진출해요. VIP, 연예인, 고위급 임원 등을 보호하는 경호 업무를 직접 수행할 수도 있고, 나아가 경찰 보안대나 경비대에서 쌓은 경력으로 보안 컨설팅을 하는 컨설턴트로 활약할 수 있죠.

편 우리나라도 탐정이 합법화되었는데, 실제로 탐정으로 이직을 하는 사람들도 있나요?

윤 그럼요. 탐정사무소에서도 형사 출신을 많이 선호하죠. 예전에는 흥신소라고 해서 불법적인 일을 좀 많이 하는 것으로 드라마나 영화에 나왔어요. 그런데 요즘엔 탐정사무소가 합법화되어서 민간 조사원의 신분으로 의뢰자의 요청에 따라 사건, 사고, 정보 등을 조사하는 일을 해요. 탐정사무소가 의뢰받는 일의 80퍼센트 정도는 사람을 찾는 거예요. 실종된 가족이나 친구를 찾는 예도 있고, 빚을 갚지 않고 도망간 사람이나 자취를 감춘 증인을 찾을 때도 있죠. 배우자의 불륜이나 부정행위를 의뢰받아 조사하기도 하고요. 이렇게 사람을 찾는 일은 형사라면 일상적으로 하는 일과 크게 다르지 않아요. 또 어떤 대상을 감시하거나 증거 자료를 확보하는 일도 수월하게 할 수 있어요.

여성 경찰관은 얼마나 되나요

🗨️편 여성 경찰관은 얼마나 되나요?

🗨️윤 대한민국 경찰에서 여성 경찰관의 비율은 점차 증가하고 있어요. 2023년 기준으로 보면 전체 경찰관 중 여성 경찰관의 비율은 약 15퍼센트 정도예요. 이 수치는 과거에 비해 많이 증가한 것이지만, 남성 경찰관이 더 많은 상황이죠. 경찰청은 앞으로 여성 경찰관의 비율을 높이기 위한 다양한 정책을 추진하고 있어요. 여성 경찰관은 특히 성범죄, 가정폭력, 아동학대 등에서 중요한 역할을 하고 있어서 그 필요성이 더 강조되고 있어요. 또한, 경찰 간부와 같은 고위직에서도 여성의 비율을 높이기 위한 노력도 병행하고 있어요. 경찰 조직 내에서 성평등과 다양성도 중요하게 생각되고 있어 앞으로 여성 경찰관의 비율은 더욱 증가할 가능성이 높아요.

🗨️편 여성 형사도 많이 있나요?

🗨️윤 예전에는 여자 형사가 많지 않았어요. 형사는 남자의 일이라는 고정관념이 있었죠. 힘이 세고, 무도도 할 줄 알아야 범죄자를 수월하게 제압할 수 있다고 생각했기 때문이에요. 또 잠복근무하는 날도 많은데 성별이 다른 짝과 오랜 시간 있는 것

을 견디기 힘들어하는 형사들도 있었고요. 요즘엔 인식이 달라졌어요. 여성이라서 못 하는 일은 없어요. 오히려 여성 형사가 더 필요한 상황이에요. 강력범죄자 중에는 여성도 꽤 많고 정보를 얻거나 수사를 하기 위해서 여성 형사가 더 도움이 될 때도 있고요. 하지만 현실은 아직도 여성 형사 비율이 적다는 거예요. 저는 여성 형사가 더 많이 배출되었으면 좋겠어요.

이건 여담인데, 하루는 신입 여경이 저를 찾아왔어요. 발령받자마자 저한테 인사를 온 거래요. 그 여경이 "형사님 팬입니다! 저도 형사님처럼 멋진 형사가 되고 싶습니다!" 이러는 거예요. (웃음) 저는 깜짝 놀랐죠. 그 여경이 동국대 법학과를 나와서 형사가 되려고 독서실 책상에다 제 사진을 찍어서 붙여 놓고 경찰 시험공부를 했대요. 제가 출연한 방송 다 보고 제작에 참여한 영화도 다 봤다는 거예요. 저를 롤모델로 해서 형사가 되겠다고 하니 기분이 좋았죠. 이 친구처럼 형사를 꿈꾸는 여성이 더 많았으면 좋겠네요.

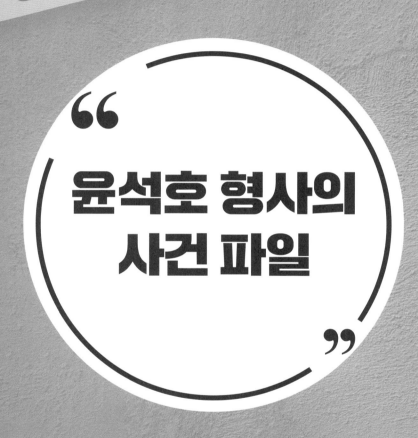

"

윤석호 형사의
사건 파일

"

강·절도범 검거로 얻은 별명, '개코' 형사

🅟 형사님의 예전 별명이 '개코'라고 들었어요. 그 별명은 왜 생긴 건가요?

🅨 2000년대 초반에 경찰청은 '강력범죄 소탕 100일 작전'을 선포하고 100일간 전국적으로 납치, 유괴, 인신매매와 갈취, 사채, 조직폭력, 강·절도 등 민생 침해 사범을 검거하는 작전을 대대적으로 벌인 적이 몇 번 있어요. 각 경찰청에서 강력범죄 소탕본부를 꾸려 현판식을 할 정도로 민생침해범죄를 특별 단속했죠. 그 기간에 검거 실적이 시원찮으면 밤 10시, 11시까지 수사 회의를 하는 거예요. 퇴근하지 말고 밤낮으로 범죄자를 색출해 검거하라는 압력이죠. 그때는 신고된 사건만 수사해서는 실적을 채울 수가 없었어요. 신고 안 된 사건이라도 찾아야 했죠. 그래서 저는 파출소에서 근무할 때 알게 된 정보를 활용했어요. 당시에는 밤에 동네를 순찰하다 보면 한적한 놀이터에 아이들이 모여서 담배도 피우고 술도 마시며 노는 모습을 쉽게 볼 수 있었어요. 그런 애들을 보면 가서 야단치고 혼내서 집으로 보냈죠. 그런데 가만히 생각해 보니 그때 끼리끼리 모여 놀던 애들이 여전히 밤에 놀이터에서 모일 것 같은

거예요. 그래서 하루는 놀이터 근처에 차를 대놓고 잠복했어요. 아니나 다를까 해 질 무렵이 되니까 네다섯 명의 아이들이 오토바이를 타고 나타나더라고요. 같이 잠복했던 형사가 딱 보고 "형님, 저거 훔친 거네." 그래요. 나가서 오토바이를 살펴봤더니 진짜 열쇠가 없어요. 영화에서 보면 오토바이나 차를 훔치면 전선을 탁탁 부딪혀서 시동을 걸잖아요. 열쇠가 없는 걸 확인하고 애들을 불러서 "야, 너희 이거 훔쳤지? 다섯 대 도난당했다던데 네 대네. 나머지 한 대는 어딨어?" 이렇게 제가 먼저 훅 치고 들어가니까 한 녀석이 놀라서 "아닌데요, 저 세 대 훔쳤는데요."하고 유인작전에 걸려들더라고요. 그 애를 붙들고 누구랑 훔쳤냐고 물어보니까 저 혼자 훔쳤다는 거예요. 그래서 제가 거기 있는 애들 네다섯 명을 다 차에 태워서 경찰서로 데리고 갔어요. 사무실에 가서 일렬로 세워놓고 그 앞으로 한 명씩 눈을 맞추며 지나갔어요. 그랬더니 그중에 눈을 파르르 떨면서 시선을 피하는 애들이 있어요. 쭉 돌아보고 나서 4번, 5번 앞으로 나오라고 말하고 "너희가 같이 훔쳤지?"하고 추궁했더니 바로 잘못했다고 시인하더라고요. 그 모습을 선배 형사님이 보시고는 저보고 "개코네" 그러시더라고요. 사실 한 번 맞췄다고 그런 별명을 얻은 건 아니에요. 그런 식으로 사람들 얼굴 보고 절도범을 잘 찾은 적이 10번도 넘으니까 다른 형사들도 저를 '개코'라고 불렀죠.

편 영화에서 보면 그렇게 형사와 인연을 맺은 사람들이 정보원이 되어 수사에 도움을 주는 일도 있던데 실제로도 그런가요?

윤 네, 그렇게 인연이 이어지는 사람들이 꽤 있죠. 그때 만난 아이 중에 성인이 되어서도 연락하고 무슨 일 있으면 찾아오는 아이도 있어요. 여하튼 지금은 개발되어 아파트가 많이 들어섰는데 당시에 신림동 난곡동 일대는 산비탈에 작은 판잣집들이 다닥다닥 붙어있었어요. 골목도 좁고 미로처럼 연결되어 있어서 이 지역을 잘 아는 사람 아니면 길을 잃는 수가 있죠. 절도 사건이 일어나면 형사들도 들어갔다가 집을 못 찾는 일도 많았고요. 그런데 저는 그 동네에 들어가서 절도범들을 잘 찾아오니까 선배 형사들이 냄새 잘 맡는 '개코'라고 불렀죠. 지금도 퇴직하신 형님을 만나 뵈면 "야, 개코야!"하고 저를 부르세요. (웃음)

고객으로 가장해 해결한
자동차 절도, 중고차 사기 사건

편 영화 〈베테랑〉 1편 초반에 중고차 사기 사건이 나와요. 이 사건도 형사님이 맡았던 사건인가요?

윤 2000년대 초반에 해결한 사건으로 기억하는데요. 처음엔 자동차 절도 사건이 일어나서 수사했어요. 어떤 사람이 중고차를 사서 다음날 차를 타려고 가봤더니 차가 흔적도 없이 사라졌다는 거예요. 비슷한 수법으로 당한 피해자가 여럿 발생하니까 이건 잡아야겠다 싶었죠. 지금처럼 아파트나 주택단지, 도로에 CCTV가 없을 때라 범인의 흔적을 추적하기 쉽지 않아서 형사들이 중고차를 사는 고객으로 가장해 잠입 수사를 했어요. 〈베테랑〉 1편 초반에 황정민 배우와 김윤주 배우가 중고차 시장에 가서 차를 고르는 장면이 그래서 나온 거예요. 당시에 저와 여형사 한 명이 커플인 척하고 중고차 시장을 여러 곳 돌아다니면서 매매상들의 동향을 파악했어요. 시세보다 싸게 판다거나 매수자에게 좋은 조건을 제시하는 중고상이 있으면 의심해 보고 좀 지켜보면서 수사를 진행했지요. 그러다 어느 곳에 가니까 느낌이 오더라고요. '여기 뭔가 있다' 싶어서 주목했더니 아니나 다를까 한밤중이 되자 낮에 판 차량에 누군가 접근해서 그 차를 가져가는 장면을 포착했어요. 판매한 중고차의 키를 미리 복사하고 차량에 위치 추적기를 붙여놓은 것 같더라고요. 그래서 그 차를 따라갔더니 수원의 팔달산 안으로 들어가는 거예요. 도심에서 멀지 않은 곳인데 산속에 널찍한 공터가 나오더니 거기에 도난 차량 수십 대가 있더라고요. 현장을 보고 저희도 놀랐어요. 차량 몇 대 절도하는 정도가 아니라 조직적으로 차를 훔치고 되파는 일당의 본거지였던 거죠. 예상했던 것보다 규모가 큰 사건이었어요.

편 영화에서 황정민 배우와 김윤주 배우가 건달과 그 애인처럼 나오잖아요. 실제로 위장 수사를 할 때 그런 모습으로 나가신 거예요?

윤 위장 수사를 할 때는 형사인 걸 들키지 않는 게 중요해요. 또 이렇게 사기와 관련된 사건을 수사하려면 상대방에게 속이기 쉬운 대상으로 보여야 해요. 그런 게 뭐가 있을까 생각해 보니 건달들은 요란한 양복을 입고 여자는 눈에 띄는 옷을 입더라고요. 그래서 저랑 여형사도 그렇게 보이려고 저는 줄무늬 양복을 입고 여형사는 당시에 유행했던 브랜드의 튀는 운동복을 입었죠. 영화에서는 실제로 제가 입었던 것과 똑같은 양복을 황정민 배우가 맞춰서 입었고, 김윤주 배우는 같은 브

랜드의 옷 중에서 가장 '쨍'한 핑크색을 입었어요.

편 저도 그 장면 생각나요. 영화의 시작을 알리는 사건이었는데 실제 형사님의 경험담이 재현된 거였네요. 이 사건처럼 잠복근무를 해서 해결한 사건도 있나요?

윤 2000년대 후반에 광역수사대에서 근무할 때 가짜 기름을 만들어 파는 주유소를 여럿 적발했어요. 서울뿐 아니라 지방에 내려가 여러 날 잠복해서 가짜 기름 파는 현장을 급습하는 식이었죠.

최초로 사채업자에게
부당이득죄를 적용

편 형사님이 해결한 사건 중에 형사들 사이에 레전드로 알려진 사건이 있던데요.

윤 사채업자들에게 부당이득죄를 적용한 최초의 사례를 만들었어요. 요즘엔 이자가 원금의 24%를 넘지 않아야 한다는 이자제한법이 있어서 피해가 좀 덜한데 예전에는 이자율을 사채업자가 정했어요. 간단한 예를 하나 들어볼게요. 어떤 사람이 100만 원이 필요해서 사채업자를 찾아가서 빌렸어요. 그런데 처음에 줄 때 선이자로 10만 원을 떼고 90만 원을 줘요. 그리고 10일에 한 번씩 10만 원의 이자를 내라고 해요. 그러면 1년에 이자가 360%인 거예요. 원금 100만 원 빌렸는데 90만 원을 받은 상태에서 이자만 360만 원이 된 거죠. 거기다 복리까지 계산하면 400%가 넘는 이자가 발생하는 거예요. 그런데 억울해도 사채업자를 고발할 수가 없었어요. 고발해도 법원에서는 민사법을 적용해서 개인 간의 거래니까 합의해서 처리하라는 판결을 받는 정도였어요. 형법에는 처벌할 법 조항이 없으면 죄목을 구성할 수 없어요. 사채업자가 채무자를 폭행했거나, 집안에 쳐들어와서 집기를 부수는 등 폭력을 직접 행사한 경우는 고발할 수 있는데, 그건 단순 폭행이나 집기 파손 정도에서 판결이 나요. 직접적으로 피해자를 괴롭히는 원인인 고금리 문제는 해결이 안 돼요. 법이 없으니 억울한 피해자가 발생해도 구제할 방법이 없었어요. 그래서 제가 2001년에 궁리 끝에 부당이득죄를 사채업자에게 걸었어요. 형법에 부당이득죄의 구성 요건을 보면 '경제적, 정신적으로 약자의 위치에 있는 사람에 대해 현저하게 부당한 이득을 취할 경우' 적용된다고 되어 있어요. 저는 그 '현저히'에 초점을 맞췄죠. 문제는 현저히 높다는 것을 증명하는 거였어요. 은행의 이자보다 10배, 20배 정도로는 현저히 높다고 볼 수 없다는 판결이 날 확률이 높아요. 그런데 예를 든 것처럼 300%, 400%가 넘는 이자율은 현저히 높은 이자잖아요. 저는 그걸 '폭리'로 보고 부당이득죄를 적용한 거죠.

편 법 바깥에 있던 사채업자를 처벌할 수 있는 사례를 처음 남기셨네요.

윤 2000년대 초반은 1997년 IMF 외환위기 이후의 영향으로 사업 자금이 부족한 영세업자도 많았고 금융권이나 등록된 대부업체에서 돈을 빌릴 수 없을 만큼 신용도가 떨어진 사람도 많았어요. 그런 사람들이 당장 돈이 필요해서 사채업자를 찾아갔다가 더 큰 고통에 빠져버려요. 사채업자들이 활개를 치며 고금리에 불법추심까지 일삼아서 서민들의 피해가 많았지요. 고발할 법이 없어서 억울한 피해자들을 돌려보내는 형사들의 심정도 좋지 않았고요. 제가 부당이득죄를 적용한 후에 법을 제·개정하자는 논의가 있었고, 사채업을 압박하는 환경이 만들어졌어요. 그렇지만 법이 만들어질 때 순탄하지만은 않았어요. 고발당한 사채업자들도 비싼 변호사를 사서 맞대응을 했고, 결국 대법원까지 가서 부당이득 판결을 받았죠. 지금은 대부업법이 생겨서 위반하면 고발할 수 있어요. 개인적으로도 보람을 크게 느꼈던 사건이에요.

편 의약품 리베이트 사건도 해결하셨다고 들었어요. 어떻게 해결하신 건가요?

윤 광역수사대 지능팀에서 3년 정도 의료법 위반 사건을 다룬 적이 있어요. 우리나라에는 특별법이 많이 있어요. 기존의 일반법으로는 충분하지 않거나 적절하지 않을 때 특정한 상황이나 문제를 해결하기 위해 특별법을 제정해요. 의료 분야도 특별법의 적용을 받는 사건들이 있어요. 이런 사건을 수사할 때는 사건과 관련한 일반법과 특별법을 잘 알아야 해요. 공부를 먼저 해야 하고, 다음으로 의사의 심리도 알아야 하죠. 절반은 의사가 되어야 피의자가 하는 말이 뭔지 알아듣고, 위반한 법에 따라 처벌을 할 수 있어요.

편 의사 같은 전문직을 신문하는 과정에서 어려운 점도 있을 것 같아요.

윤 의사는 그쪽 분야의 최고 전문가죠. 자격 면허도 있고 의료 경험도 많으니까요. 그런 지식적인 부분도 좀 어렵긴 하지만 이분들이 혼자 오지 않아요. 꼭 변호사를 대동하거든요. 그러면 형사 1명이 두 명의 전문가와 싸우는 게 돼요. 두 명을 상대해야 하니까 심리적으로 밀리면 안 돼요. 그래서 고소 고발된 의료행위가 뭔지 공부를 먼저 하죠. 영어로 돼 있는 의학 용어를 한글로 풀어서 공부했어요. 제가 의학을 공부한 사람도 아닌데 의학 용어도 공부하고 또 무슨 법을 위반했는지 알아야 하니까 의료법도 공부하느라 3년 동안 있으면서 머리가 터지는 줄 알았어요. 그때 제가 수사해서 의사들과 관련자들이 꽤 구속됐죠. 전문 의료인을 처벌하는 건 쉽지 않아요. 어쨌든 그쪽 분야의 전문가인 데다 형사가 지식으로는 따라갈 수 없죠. 또 변호사를 대동하고 오니까 빠져나갈 구멍을 다 마련한단 말이에요. 그러면 계속 사건을 파고들면서 의학 공부, 법 공부를 하는 거예요. 그러다 보면 딱 걸리는 게 있죠. 그때의 경험으로 저는 많이 공부한 사람들을 잘 안 믿어요. 물론 정직하게 법 위반을 안 하는 사람들이 더 많지만, 머리 좋고 공부 많이 한 사람들이 그 지식을 이용해 범죄와 연루되는 경우도 많아요. 단순 범죄보다 죄질이 더 나쁜 거죠.

편 당시에 수사했던 사건의 예를 하나 얘기해주세요.

윤 의료법 위반 수사를 많이 했더니 여러 기관에서 저를 찾아왔어요. 그때 의료법이 너무 재미있는 거예요. 그래서 힘든 것도 모르고 수사를 열심히 했죠. 성과도 꽤 내서 그런지 식약처에서 와달라고 해서 파견 근무를 나간 적도 있죠. 또 한 번은 검사님께서 저한테 연락을 해왔어요. 검찰에 파견 나올 생각 없냐고요. 그때 중앙지검에서 의약품 리베이트 합동수사팀을 꾸렸는데 제가 경찰 대표로 갔었죠. 리베이트가 뭐냐면요, 제약회사나 의약품 도매상 같은 의약품을 공급하는 회사나 사람이 많이 판매하려고 병원의 의료인이나 판매를 담당하는 직원 등에게 뇌물을 주는 거예요. 뇌물의 형태는 돈이나 물품일 수도 있고, 어떤 편의를 봐준다거나 여러 가지 접대를 하는 등 아주 다양해요. 의료법에는 정당한 경제적 이익 외에 다른 이익을 취하는 모든 행위가 불법이에요. 주는 쪽도 받는 쪽도 모두 의료법 위반이죠. 이건 의료기기를 제조, 수입, 판매하는 의료기기 기사가 의료기기를 판매할 때도 똑같이 적용돼요. 그때 유독 의료 리베이트 사건이 여럿 발생했고, 그중에 큰 회사가 연루된 사건도 있었어요. 우리나라에 있는 제약회사가 4,000개가 넘어요. 그중에서 이름을 들으면 알만한 큰 규모의 회사가 여럿 연루된 리베이트 사건이 있었어요. 이 사건으로 의사와 관련자들이 많이 구속되었죠. 의사 같은 전문 의료인은 구속되면 자동으로 면허 취소가 되어 자격을 잃어요.

CROSS - CRIME SCEN

"
나도 형사
"

청소년 여러분이 형사가 되었다고 가정하고 사건을 해결해 보는 시간입니다. 여러분이 다음과 같은 사건을 맡았다면 사건 현장에서 찾아야 할 것은 무엇일까요? 어떻게 용의자를 특정하고 체포할 수 있을까요? 용의자를 검거한 후 자백은 어떻게 받아낼까요? 사건을 해결하는 과정을 따라가면서 여러분이라면 어떻게 할지 생각해 보세요.

사건 1

사라진
다이아몬드 목걸이

범죄자를 끝까지 추적해 검거하는
형사

1. 사건 접수: 한밤중의 신고

어느 비 오는 밤, 지역 경찰서에 다급한 신고가 들어왔다. 고급 주택가에 사는 유명한 디자이너 최 씨가 자신의 다이아몬드 목걸이가 사라졌다고 알린 것이다. 돌아와 보니 거실 창문이 깨져 있었고, 서랍이 뒤져진 흔적이 있었다고 한다. 사건을 맡은 형사 이정민이 즉시 현장으로 출동해 최 씨의 진술을 들으며 사건의 단서를 찾아 나섰다.

Tip 형사의 눈으로 사건 현장에서 살펴봐야 할 것들을 써 보세요.

----

2. 현장 조사 : 창문과 발자국

이 형사는 현장을 자세히 살펴보았다. 깨진 창문 주변에는 유리가 흩어져 있었고, 안쪽으로 미세한 긁힌 자국이 보였다. 이 형사는 범인이 창문을 도구로 열고 들어온 것으로 추정했다. 또, 거실 바닥에 남겨진 진흙 묻은 발자국이 눈에 띄어 감식반에 지문과 발자국을 채취하게 했다. 동시에, 근처 주민들을 인터뷰해 사건이 발생한 시간대에 수상한 사람을 목격했는지 확인했다.

Tip 주변을 탐문할 때 주의할 점은 무엇이 있을까요?

----

3. 첫 번째 단서 : CCTV의 수상한 남자

집 근처 편의점 CCTV를 분석하던 중, 사건이 발생한 저녁 한 남자가 검은 후드티를 입고 최 씨의 집 주변을 배회하는 장면이 포착됐다. 그는 무언가를 기다리는 듯한 모습이었다. 이 형사는 CCTV를 확대해 그의 얼굴을 분석했다. 비슷한 범죄 전력이 있는 용의자 리스트를 대조해 보니, 몇 년 전 유사한 방법으로 빈집 털이를 하다 체포된 김모 씨와 일치하는 사람이었다.

Tip 용의자의 얼굴이 CCTV에 찍히지 않았다면 어떻게 할까요?

4. 용의자 추적 : 밤샘 잠복

이 형사는 김모 씨의 행적을 추적했다. 그의 과거 범죄 기록과
출소 후 주소를 확인한 결과, 최근에는 친구와 함께 작은 아파
트에 머물고 있다는 정보가 나왔다. 형사는 팀원들과 함께 그
의 아파트 주변에서 잠복을 시작했다. 며칠 후, 김모 씨는 검은
후드티를 입고 집을 나섰다. 그는 한 전당포에 들러 무엇인가
를 거래하려는 듯 보였다. 전당포 직원에게 문의해 목걸이를
확인한 결과, 최 씨의 목걸이임을 알아냈다.

Tip 용의자를 검거할 때 주의할 것은 무엇일까요?

----

5. 검거와 자백

김모 씨는 전당포에서 나오던 중 형사들에게 붙잡혔다. 그의 가방에서 최 씨의 목걸이와 도난품으로 보이는 다른 귀중품도 발견됐다. 경찰서로 연행된 김모 씨는 처음에는 혐의를 부인했지만, 형사가 CCTV와 증거를 제시하자 결국 자백했다. 그는 "돈이 필요해서 저지른 일"이라며 후회하는 모습을 보였다.

Tip 용의자를 심문할 때 어떻게 해야 용의자의 자백을 끌어낼 수 있을까요?

6. 사건 종결

다이아몬드 목걸이는 최 씨에게 무사히 반환되었다. 최 씨는 이 형사에게 깊은 감사를 표했고, 김모 씨는 법정에서 자신의 죄에 대한 대가를 치렀다.

사건 2

무너진
우정의 대가

1. 사건 접수 : 부모님의 신고

어느 날 오후, 한 학부모가 경찰서를 방문했다. 그녀의 딸 은지 (가명, 중학교 2학년)가 최근 학교에서 괴롭힘을 당해 심각한 정신적 스트레스를 받고 있다고 말했다. 은지는 몸에 멍 자국이 있었고, 휴대폰 메시지에는 같은 반 친구들로부터 온 협박성 메시지가 남아 있었다. 학부모는 더 이상 혼자 해결할 수 없어 경찰의 도움을 요청한 것이었다. 형사 박진수(가명)가 사건을 맡았다. 그는 피해 학생의 안전을 최우선으로 생각하며 사건을 조사하기 시작했다.

Tip 학교에서 일어나는 폭력 사건을 목격했다면 적어보세요.

....

....

....

....

....

....

2. 초기 조사 : 피해자의 진술

박 형사는 은지와 학부모를 만나 이야기를 들었다. 은지는 최근 몇 달 동안 같은 반 친구들인 민재와 그의 무리가 자신을 지속적으로 괴롭혔다고 털어놓았다. 그들은 쉬는 시간마다 놀리고, 소지품을 숨기거나 훔쳤으며, 심지어 교실 밖에서 폭력을 행사하기도 했다고 말했다. 특히, 민재는 은지가 거부하는데도 매일 돈을 가져오라고 협박했고, 이를 어기면 더 큰 괴롭힘을 예고했다고 했다. 은지는 너무 두려워 선생님에게도 말하지 못했다고 했다.

Tip 학교폭력 사건을 조사할 때 중점을 두어야 할 것은 무엇일까요?

----

3. 증거 수집 : 교실과 온라인

박 형사는 학교로 직접 찾아갔다. 학교 내부 증거로 교실에 설치된 CCTV를 확인해 민재가 은지를 밀치고 소지품을 빼앗는 장면을 확보했다. 디지털 증거로 은지의 휴대폰에서 민재와 그 무리가 보낸 협박 메시지와 SNS상에서의 조롱 글을 캡처했다. 박 형사는 같은 반 학생 몇 명과 면담해 일부 학생들은 민재의 괴롭힘을 목격했지만, 두려움 때문에 말을 아꼈다는 목격자 진술을 확보했다. 이 증거들은 민재와 그 무리가 은지에게 지속적으로 괴롭힘을 가했다는 것을 뒷받침했다.

Tip 만약 사건을 목격한 학생들이 진술하지 않는다면 어떻게 설득할 수 있을지 생각해 보세요.

4. 가해자 조사 : 민재와의 대면

박 형사는 민재와 그의 부모를 경찰서로 불러 조사했다. 처음에 민재는 "그냥 장난이었다"고 변명했다. 하지만 형사가 CCTV 영상과 협박 메시지를 제시하자 민재는 더 이상 부인할 수 없었다. 그는 친구들 앞에서 과시하고 싶어 이런 행동을 했다고 털어놓았다. 민재의 부모는 이 사실에 충격을 받았고, 피해자 측에 사과하겠다는 뜻을 밝혔다.

Tip 가해자와 가해자 부모를 조사할 때 주의해야 할 것은 무엇이 있을까요?

5. 조정과 예방 조치

박 형사는 학교와 협력해 피해 학생 보호와 사건 해결 방안을 마련했다. 피해자 보호 차원에서 은지가 안전하게 학교생활을 이어갈 수 있도록 교내 상담과 학교 선생님들의 특별 관리 체계를 구축했다. 가해자인 민재는 학교 규정에 따라 특별교육을 받고, 법적으로도 부모의 감독 아래 행동 교정 프로그램에 참여하는 등의 처벌을 받도록 하였다. 이런 일이 다시 일어나지 않도록 학교 전체를 대상으로 학교폭력 예방 교육과 상담을 의무화했다.

Tip 학교폭력 사건이 발생하지 않도록 예방하는 방법은 무엇이 있을까요?

6. 사건 종결 : 상처 회복의 시작

은지의 부모는 경찰과 학교의 도움에 감사했고, 은지는 상담 치료를 받으며 서서히 학교생활에 적응해 갔다. 민재와 그의 무리도 잘못을 인정하고, 다시는 이런 일이 발생하지 않도록 노력하겠다고 약속했다. 박 형사는 사건이 해결된 후 학교에 종종 방문해 예방 강연을 하며, 또 다른 은지가 생기지 않도록 힘썼다.

사건 3

수상한
건설업자의 비밀

범죄자를 끝까지 추적해 검거하는
형사

1. 사건 배경 : 이상한 낌새

형사 이정훈(가명)은 어느 날 경찰 내부 회의에서 "지역 건설업자들 사이에 불법 리베이트와 허위 공사 청구가 빈번하다"는 첩보를 접했다. 피해자는 명확히 신고하지 않았지만, 동료 공무원들로부터 특정 건설업체가 수상하다는 제보가 들어왔다. 이 정황은 신고를 통해 시작된 것이 아닌, 경찰이 자체적으로 수상한 정황을 감지해 조사에 들어가는 인지수사였다.

Tip 인지수사라는 말을 들어보았나요? 인터넷을 검색해 인지수사의 예를 찾아보세요.

2. 초기 조사 : 비정상적인 공사 계약

이 형사는 문제의 건설업체인 한빛건설에 대한 정보를 조사했다. 최근 몇 년간 공공기관과 맺은 다수의 공사 계약 중 상당수가 예정된 예산을 초과하거나 공사가 완료되지 않은 상태로 종료된 기록이 있어 수상한 점이 있었다. 이 업체가 제출한 비용 내역과 실제 공사 기록을 대조하던 중, 허위 영수증이 다수 발견됐다. 한빛건설과 계약한 공공기관의 몇몇 직원들도 비정상적으로 많은 접대를 받은 정황이 나타났다.

Tip 드러나지 않은 사건의 경우 어떻게 수사할 수 있을지 생각해 보세요.

---

3. 심층 조사 : 계좌 추적과 내부 제보

이 형사는 추가 증거를 확보하기 위해 은밀히 움직였다. 한빛 건설의 대표 계좌를 추적한 결과, 공사 대금으로 받은 돈 중 일부가 특정 공무원의 개인 계좌로 송금된 기록을 발견했다. 한빛건설의 전 직원으로부터 "대표가 고위 공무원에게 매달 리베이트를 건넸다"는 진술을 확보했다. 그는 자신이 직접 돈을 전달한 적도 있었다고 밝혔다. 회사가 자재 비용으로 허위 청구서를 발행해 자금을 빼돌렸다는 사실도 드러났다.

Tip 인지수사의 경우 내부 고발자의 증언이 중요합니다. 이 사건의 증인이 진술하도록 어떻게 설득할 수 있을까요?

4. 용의자 압박과 추가 증거 확보

용의자로 떠오른 공무원들을 소환해 추궁한 결과, 일부는 처음에는 부인했지만, 계좌와 리베이트 금액에 대한 증거를 제시하자 사실을 인정했다. 건설업체 대표는 자신의 잘못을 일부 인정하며, 다른 공공기관 계약에서도 비슷한 방식으로 부정한 거래를 했음을 시인했다.

Tip 용의자의 자백을 받기 위해서는 증거 자료가 중요합니다. 증거가 될 수 있는 자료에는 무엇이 있을지 더 찾아보세요.

5. 결과 : 사건 종결과 후속 조치

한빛건설 대표는 뇌물 공여 및 사기 혐의로 기소되었고, 관련 공무원들은 직권남용 및 뇌물 수수 혐의로 처벌받았다. 경찰은 지역 공공기관의 계약 과정에서 발생하는 부정부패를 막기 위해 정기적인 감사와 내부 신고 체계를 강화했다.

Tip 인지수사는 누군가의 신고나 피해 호소가 아닌, 경찰이 자체적으로 수상한 정황을 인지하고 수사를 하는 것입니다. 이러한 수사는 사회적으로 큰 피해를 일으킬 수 있는 구조적 문제를 해결할 때 매우 효과적입니다. 부정부패와 같은 은밀한 범죄는 경찰의 체계적이고 날카로운 인지력이 중요합니다.

형사 윤석호
스토리

㉠ 윤석호 형사님의 개인적인 이야기를 들어보는 시간입니다. 어린 시절엔 어떤 아이였나요?

㉡ 어렸을 때는 개구진 아이였어요. 고향은 부천시 신곡동으로 서울 근교지만 산골짜기였어요. 개울가에서 가재 잡고 놀고, 심심하다고 밭에 있는 배추 다 뽑아놓고 그랬어요. (웃음) 빨래터에서 엄마들이 빨래하고 있으면 장난도 많이 쳤죠. 그래서 엄마가 저를 키우면서 힘든 적이 많았다고 하시더라고요. 동네 형들이 친구들을 괴롭힐 때가 많았는데 화가 나서 형들하고도 많이 싸웠어요. 초등학교 2학년 때인가는 6학년 형들한테 제가 맞고 들어온 적이 있었는데, 엄마가 저를 체육관에 보내시더라고요. 맞고 살지는 말라고요. 그때부터 운동하면서 골목대장이 되었죠. 그리고 4학년 때 수원으로 이사를 가면서 개구쟁이 시절은 끝났던 것 같아요. 수원에는 골목에 나와서 노는 아이들이 없었거든요.

㉠ 중학교 시절은 어떻게 보내셨어요?

㉡ 〈유퀴즈 온 더 블록〉에서 했던 얘기인데요. 중학교 입학식 날이었어요. 제 짝꿍이 어떤 애들한테 심한 괴롭힘을 당해서 막 울고 있더라고요. 누가 그랬냐니까 애들이 어떤 애를 가리켜요. 그래서 제가 그 애한테 가서 주먹을 날렸는데 그 자리에

서 쓰러져 기절했어요. 알고 봤더니 저한테 맞은 애가 어떤 초등학교에서 유명한 아이였대요. 요즘 말로 '짱'이었던 거죠. 그 일이 크게 소문나서 다른 애들이 제 친구들을 괴롭히는 일은 없었어요. 그 때문에 제가 중학교에서 일진이었다는 말이 돌았는데, 사실이 아닙니다. (웃음) 저는 힘센 애들이 약한 아이들을 괴롭히는 꼴을 못 봐서 가끔 싸우는 일이 있었지만 제가 먼저 싸움을 건 적은 없었어요.

편 형사에 관심을 보인 건 언제부터였어요?
윤 어렸을 때 형사가 나오는 드라마나 영화를 좋아했어요. 그런 수사물을 보면서 누가 범인인지 척척 맞혔어요. 친구들이 맞고 오면 대신 가서 싸워주고, 범인도 잘 맞추니까 친구들이 저한테 형사 같다고 그랬죠. 장국영이 형사로 나오는 영화 〈영웅본색〉을 정말 좋아해서 8번 봤어요. 남자의 의리, 사랑과 배신이 감동적으로 그려진 영화인데, 솔직히 저는 장국영에게 반했어요. 그래서 장국영처럼 멋진 형사가 돼야겠다는 생각도 했죠. 그리고 성룡이 나오는 영화도 좋아했어요. 누가 경찰이 되고 싶다고 하면 저는 그런 영화를 많이 보라고 얘기해 줘요. 영화를 보면 어떤 형사가 되어야 하는지 감이 오거든요.

📬 형사의 꿈을 구체적으로 가지게 된 계기가 있었나요?

🟢 저는 고등학교를 졸업하고 의경이 되려고 지원했어요. 의경(의무경찰)은 군복무의 하나로 경찰 업무를 지원하는 제도예요. 지금은 폐지된 제도인데 병역의 의무를 대신할 수 있는 대체복무 제도였죠. 당시에 아버지는 군대를 가지 왜 의경에 가냐고 반대하셨어요. 하지만 저는 의경이 되어 형사가 하는 일을 간접적으로라도 느끼고 싶어서 지원했던 거예요. 강화경찰서에 배치된 후 처음엔 교통 근무를 주로 했어요. 하루는 근무 끝나고 경찰서에 들어가는 길인데 누가 "도둑놈이야!"하고 소리치더라고요. 생각하고 말고 할 틈도 없이 뛰어가서 도둑을

👮 중앙경찰학교에서 교육받던 때

잡아 바닥에 눕혀서 누르고 있었어요. 조금 후에 형사들이 뛰어와서 도둑의 손에 수갑을 딱 채우고 무전을 치더라고요. 그 수갑 채우는 모습이 정말 멋있게 보였어요. '영화랑 비슷하구나, 경찰의 매력은 수갑을 딱 채우는 이 순간이구나!' 이런 생각이 들었어요. 그때는 잘 몰라서 형사가 범인을 잡으면 그것으로 형사의 일이 끝나는 줄 알았어요. 신문해서 보고서를 작성하고 송치하는 절차가 있다는 것은 정말 몰랐죠. 제가 즐겨 보던 드라마나 영화는 범인을 잡는 것으로 끝나니까 그런 줄 알았던 거예요. (웃음) 그렇게 형사들과 절도범을 잡았더니 어떤 형사님이 저한테 경찰 시험 과목 책을 사주셨어요. 국어, 영어, 국사책을 사주시면서 "넌 형사가 체질이니까 시험 봐서 형사 해라!"하고 말씀해 주셨어요.

편 의경으로 복무하면서 형사의 꿈을 키우셨군요.

윤 책을 사주신 형사님 말씀대로 제대하고 공부해서 24살에 경찰이 되었어요. 그리고 난우파출소에서 신입 경찰관 시절을 보내고 형사가 되어 꿈을 이루었지요. 제가 형사가 된 지 얼마 안 돼서 가리봉동에서 살인 사건이 났을 때 출동해서 범인을 검거한 일이 있어요. 범인 인상착의도 몰랐는데 사람들 사이에서 딱 범인이 보이더라고요. 그래서 바로 달려들어서 잡았어요. 이건 뭐 말로 설명할 수 없는 감이죠. 그냥 딱 보니까 알겠더라고요. 나중에 다른 분들한테 검거한 사람이 살인범이 아니면 어떡할 뻔했냐는 말을 듣기는 했죠. 그런데 저는 바로 알겠더라고요. 무슨 증거가 있는 것도 아니고 얼굴을 아는 사람도 아닌데 범죄자 냄새가 났고, 저는 그 냄새를 맡은 거죠.

편 형사가 된 이후로 형사과에만 계신 건가요?

윤 천방지축이었다고 할까요. 당시에는 오토바이 폭주족이 많았어요. 도로에 오토바이가 여러 대 몰려다니면 운행하는 차량의 운전자는 위협적인 느낌을 받아요. 또 오토바이 운전자가 다치는 사고도 자주 일어나고요. 그래서 저는 폭주족만 보면 막 달려가서 잡아서 파출소에 다 데려다 놨어요. 그러다 한 번은 잡힌 아이 중 한 명이 연행하는 과정에서 다친 일이 있었어요. 그랬더니 그 애의 삼촌이 와서 방송국 기자인데 불법적인 과정이 있었다면서 기사로 낼 거라고 막 협박하더라고요. 소장님은 그 앞에서 쩔쩔매고 있고요. 그래서 제가 경찰 신분증 던지면서 사표 쓰겠다고 말하고 기자한테 따졌죠. 미성년자 조카가 오토바이 타고 난폭하게 도로에서 질주하는 건 잘한 거냐고요. 그랬더니 기사는 쓰지 않겠다고 하고 가고 아이의 치료비를 물어주고 끝났죠. 마무리는 잘 됐지만 그 일로

소장님이 곤욕을 치렀어요. 그래도 다른 직원들은 제가 앞뒤 생각 안 하고 폭주족들 잡아 오는 걸 좋아했어요. 그때는 교통 규칙을 어긴 폭주족을 붙잡아서 딱지를 떼려고 하면 도망가는 애들이 많았어요. 그러면 저는 봉고차 타고 쫓아가서 다 잡아 왔어요. 그러는 중에 다치는 아이들도 있어서 윗사람들이 좀 싫어하기도 했는데 또 반대로 너무 잘 잡으니까 좋아하기도 하셨죠. 여하튼 신입 시절엔 그렇게 좌충우돌하면서 보냈습니다.

편 그래서 '개코'라는 별명을 얻으셨나 봐요.

윤 그렇죠. 개가 냄새를 잘 맡잖아요. 그런 것처럼 범인을 잘 찾아내니까 냄새를 잘 맡는다고 그런 별명이 붙었었죠. 형사 중에는 범죄자를 식별하는 감각이 뛰어나고 날카롭게 판단하는 사람들이 있어요. 저뿐만 아니라 그런 비슷한 별명을 가진 사람들이 좀 있습니다.

편 형사님은 형사과뿐만 아니라 다른 과에서도 근무하셨다고 들었어요.

윤 한 곳에 있지는 않았어요. 사건을 해결하기 위해 다른 곳에 파견 가기도 하고 여러 과를 경험하기도 했죠. 앞에서 얘기했듯이 서울중앙지방검찰청 정부합동의약품리베이트전담수사반에 파견 나가 수사관으로 근무한 적이 있어요. 검찰에는 수사관이 따로 있어요. 보통은 수사관이 수사를 하는데 이런 경우처럼 검찰과 경찰이 합동수사를 하면 경찰에서도 파견을 보내죠. 리베이트 수사할 때 피의자 쪽 변호사들이 어떻게든 수사를 담당하는 저와 친분을 쌓아보려고 제 이름이 뭐냐고 검찰 쪽 사람들한테 다 물어보고 다녔대요. 조사받는 의사들이 저를 검찰 계장쯤 되는 수사관으로 생각하고 제가 누군지 캐보려고 했다고 하더라고요. 그런데 제 이름이 안 나오는 거죠. 왜냐면 저는 검찰 소속이 아니니까요. 또 재미있는 것은 그때 경찰에서도 저를 파견 보내면서 형사과가 아니라 경무과 소속으로 해놔서 웃기는 일도 있었어요. 하루는 제가 서울대 출신 의사를 조사하려고 공부하느라 경찰서에서 밤을 새웠어요. 똑똑한 분들 심문하려면 피곤해도 어떻게 해요, 공부해야지. 아침에 씻고 속옷을 갈아입으려고 하는데 여분이 없는 거예요. 그래서 뭐 구치소 수감자들이 입는 속옷이랑 바지를 입고 세면장에서 씻었죠. 근데 그 모습을 형사과 막내들이 보고 '반장님이 구치소에 수감된 거야?'하고 생각한 거죠. 그 얘기가 퍼지니까 저를 아는 광역수사대 형사들이 경찰 내부 프로그램에 접속해 저를 막 찾아본 거예요. 그랬더니 경무과 소속으로 나온 거죠. 그러니까 아침 9시 조금 넘었을 때부터 전화가 막 오기 시작하고 문자가 쏟아졌죠.

편 경무과 소속이 뭐길래 그렇게 생각하신 건가요?

윤 예를 들어 경찰관이 음주 운전 사고를 내서 조사를 받아야 한다거나 무슨 죄를 지으면 직위 해제된 상태로 소속을 경무과로 옮겨서 대기 발령을 해놔요. 거기 소속으로 두고 조사를 하거나 징계 결과를 기다리는 거죠. 게다가 제가 전화도 안 받았어요. 조사 중이라 전화를 받을 수가 없었죠. 일이 이렇게 흘러가니까 이제 '윤석호가 구속됐다!'라는 게 사실이 돼 버린 거예요. 모든 정황이 일치하고 딱딱 들어맞으니까, 구속이 확실하다고 된 거죠. 제가 그 소문 해명하느라 한참 고생했어요.

편 경찰관 사이에서도 워낙 유명한 분이라 그런 오해도 받으셨네요. 또 어떤 과에서 근무해 보셨어요?

윤 광수대 있다가 수사과 경제팀으로 왔는데 거기서는 대부분 사무실에서 앉아서 일해요. 고소 고발 들어온 사건을 조사하는데 그게 다 서류조사예요. 현장에서 활동하는 것을 좋아하는 제 성향과는 맞지 않았어요. 또 경제팀에서 비리와 관련해 수사를 받던 경찰관이 자살한 사건도 있었어요. 그런 일도 있고 또 앉아서 하는 일은 도저히 저랑 안 맞는 것 같아서 다음에는 기동대에 지원했죠. 기동대 경비과에 가서 좀 편하게 있었어요. 잠복근무도 없고 지방 출장도 없고 범인 잡으러 다니지 않아서 마음도 몸도 편했죠. 그 기회에 영화 제작에 참여했고, 그때 〈베테랑〉 1편과 〈범죄도시〉 1편을 만들었어요.

편 마약 수사도 해보셨어요?

윤 형사과에서 일하다 부서를 옮길 즈음에 대치동에서 마약 음료수 사건이 났어요. 아이들에게 시음해 보라고 나눠준 음료수에 마약이 들어있었죠. 아이들을 상대로 한 범죄라 다들 놀랐잖아요. 그런데 서초경찰서나 인근에 다른 경찰서는 마약 수사팀이 있는데 수서경찰서에는 없었어요. 그때 수서경찰서에도 마약수사팀을 만들라는 상부의 지시가 내려왔고, 대치동

문제가 시급하다 해서 마약수사팀이 개설된 거예요. 윗분들도 저보고 마약수사팀으로 가라고 해서 제가 1년 동안 마약 수사를 해서 실적 순위 6등을 했어요. 마약 전담팀도 아닌데 말이죠. 그런데 마약수사팀은 정말 개인 시간이 없어요. 퇴근하려고 막 준비하고 있는데 누가 잡혔대요. 그러면 바로 출동이에요. 퇴근 후에 약속을 잡아놨다가 급하게 출동하느라 늦게 간 적도 많아요. 희한하게 약속을 하면 꼭 마약범들이 잡혀 와요. 그래서 아무리 특진이 걸려있는 일이라도 저는 못하겠더라고요. 1년 하고 실종범죄수사팀으로 넘어왔죠.

편 실종범죄수사팀은 어떤 일을 주로 하는 곳인가요?

윤 사실 실종팀은 아무나 오고 싶다고 올 수 있는 곳은 아니에요. 형사 경험도 있고 촉도 좋아야죠. 신고 내용을 보고 기다릴지, 팀원 중에 한두 명을 내보내 조사할지, 또는 제가 직접 나가봐야 할지를 결정해서 수사를 지휘해요. 팀원들을 내보낼 때는 어떤 내용은 꼭 확인하고, 실종자와 관련 있는 누구누구는 꼭 만나 보라는 식으로 조사 방향과 범위도 제시하죠. 또 심상치 않을 것 같은 감이 오는 신고는 제가 직접 나가봐요. 수서경찰서 담당이 서울의 강남이잖아요. 별의별 일이 많이 일어나는 곳이에요.

🔵 어떤 신고가 많이 들어오나요?

🟠 요즘엔 자살 관련한 실종 신고가 가장 많아요. 신고가 들어오면 제일 먼저 실종자 휴대폰으로 연락하고 안 받으면 위치 추적을 해요. 그런데 휴대폰 위치가 좀 이상하다는 생각이 들면 바로 출동해야죠. 한 번은 제가 출근해 보니까 근무자들이 어떤 실종자에게 계속 전화하고 있더라고요. 여러 번 해도 안 받길래 위치를 추적했더니 어느 모텔로 위치가 떠요. 계속 전화를 걸면서 위치의 변화를 살폈는데 그 자리인 거죠. 아, 이거 좀 위험하다는 생각이 드는 순간, 딱 실종자가 전화를 받았어요. 제가 큰 소리로 "너 어디야?" 그랬더니 엄청나게 졸린 목소리로 "누구세요?" 그래요. "나 형사다!" 그랬더니 "저 약 먹었어요. 좀 있으면 갈 거예요." 그러더라고요. 그래서 모텔과 가장 가까운 지구대에 무전을 쳤죠. 지금 실종자가 어느 모텔에 있는데 빨리 순경들 보내서 확인해 보라고요. 그러는 사이에 저는 그 실종자에게 말을 계속 시켰어요. "너 무슨 약 먹었냐?" 그러니까 "수면제요. 저 지금 이제 말을 못 할 것 같아요...."라고 말해요. 상황이 이럴 때 전화를 끊으면 안 돼요. 의식을 잃지 않도록 계속 말을 시켜야 해요. 그렇다고 "그러시면 어떡합니까?", "잠시만요, 전화 끊지 마세요", 이런 식으로 부드럽게 말하면 그냥 끊어버려요. 이럴 때는 상대를 열받게 해야 해

요. 전화를 못 끊게 하고 의식도 잃지 않도록 하는 거죠. 제가 전화할 때부터 계속 반말했잖아요. 일반인에게 그러면 당연히 실례죠. 무례한 거고요. 그런데 그게 다 일부러 그러는 거예요. 제가 막 반말로 "어디야, 이 ○○야!"하고 욕도 해요. 그러면 상대방이 "당신 누구야? 왜 반말해?"하고 막 화를 내요. 저는 또 "너 이 ○○야, 왜 죽으려 그래!"하고 막 약을 올려요. 그럼 "아 이씨, 열받네. 너 어디 경찰서에 있어? 내가 살아서 찾아갈 테니까 말해!" 이러면서 화를 내요. 그럼 산 거예요. 여하튼 그때 모텔에 있던 실종자 얘기로 돌아가면 지구대가 도착해서 보니까 실종자가 약 먹고 의식이 거의 없는 상태였어요. 그때 119도 같이 출동했으니까 바로 신고 응급실로 가서 위세척해서 살았죠.

편 정말 위험한 상황이었는데 귀중한 생명을 살리셨네요. 그럼 가출한 청소년도 신고가 들어올 것 같은데 그럴 때는 어떻게 대응하세요?

윤 한 번은 밤 11시에 중학교에 다니는 여학생이 가출했다고 찾아달라는 신고가 들어왔어요. 아이가 16시 40분에 학교 끝나고 머리 염색한 애들을 따라갔대요. 몇 가지 물어보니까 가출한다는 편지를 써 놓고 집에 안 들어왔더라고요. 그래서 좀 기다려보시라고 했죠. 그랬더니 어머니가 고압적인 자세로 CCTV를 확인해달라는 거예요. 그래서 제가 "왜 CCTV를 확인합니까?" 그랬더니 그 애 어머니가 "CCTV 봐서 동선 추적해줘야죠" 이러더라고요. 제가 못 한다고 했어요. 동선 추적하는 건 시간 낭비니까 못 한다고요. 그러니까 "당신 소속이 어디야? 직급이 뭐야?" 하면서 막 화를 내고 따지길래 그냥 끊어버렸어요. 그랬더니 대치지구에 가서 또 신고를 한 거예요. 실종팀 형사님과 연락하고 싶다고, 아까 전화 받은 사람은 가짜 형사인 것 같다고요. 당연히 그쪽에서도 제 전화번호를 알려줬죠. 그래서 제가 다시 받았어요. 그랬더니 왜 담당자가 안 바뀌었냐며 당황하면서 그제야 제발 CCTV 좀 확인해 달라고 한풀 꺾이더라고요. 그래서 말했어요. 하교 시간에서 이미 6시간이 지났는데 동선 추적하는 건 시간 낭비라고요.

🔵편 왜 실종 학생 신고가 들어왔는데 그렇게 대응하셨어요?

🔵윤 일단 가출하겠다는 편지를 써놓고 나간 경우는 자발적인 가출이잖아요. 내용도 들어보니까 부모님과 갈등이 원인이더라고요. 이런 일반 가출의 경우 실종자로 등록하고 발견되면 바로 부모에게 연락하게 되어 있어요. 부모는 속이 타서 실종 신고를 해서 찾아달라고 하는데 아이의 동선이 확인된 시간부

터 신고 시간까지 6시간 넘는 시간을 CCTV로 동선 추적을 하는 게 쉬운 게 아니에요. 영화나 드라마에서 보면 막 엄청 빠르게 찾아서 범인도 실시간으로 추적하고 그러는데, 현실은 그렇지 않아요. 아이가 6시간 동안 지나간 길에 CCTV가 얼마나 있을 것 같으세요? 수백 개 수천 개가 있을 텐데 그게 어떻게 순식간에 찾아지겠어요. CCTV로 한 사람의 6시간의 동선을 추적하려면 며칠 걸릴지도 모르는 일이에요. 그런데 왜 빨리 못 찾냐고 화를 내고 찾아내라고 소리를 지르는 부모도 있어요.

편 그래서 어떻게 해결하셨어요?

윤 어머니한테 다시 전화가 왔을 때 근처 파출소에 나와서 전화를 받으라고 했어요. 조금 이따 통화를 했어요. 그때 실종학생 친구들 이름하고 연락처를 다 부르라고 해서 받아 적었어요. 그리고 두 살 위인 오빠를 시켜서 싹 다 전화 돌려보라고 했어요. 어른들이 전화하면 애들이 솔직하게 말 안 하고 숨기니까 또래인 오빠한테 시킨 거죠. 그랬더니 정말 같이 있다는 남자애 연락처를 알아냈더라고요. 그러고 있는데 그 애의 아버지한테 전화가 왔어요. 본인이 어느 대학의 교수라면서 아이가 납치된 게 뻔한데 왜 수사를 안 하냐고 막 따지는 거예요. 제가 화가 나더라고요. 그래서 "아니, 애가 편지에다 아빠 때문에 집 나간다고 썼던데 납치라니 무슨 소리를 하는 거요!" 하고 막 혼냈죠. 그러니까 이 사람이 막 죄송하다고 사과하면서 어떤 사람이 납치라고 신고해야 빨리빨리 수사해 준다고 했다는 거예요. 하여튼 이제 아이를 찾는 게 먼저니까 오빠를 시켜서 알아봤더니 인천 어느 오피스텔에 여자애 둘이랑 남자애 셋이 있다는 거예요. 그때가 자정이 다 된 시간이었어요. 여자애들이 위험하다는 감이 딱 왔죠. 그중 한 남자애 전화번호를 그 애 오빠가 안다고 하길래 전화하라고 시켰어요. 제가 전화해서 형사라고 얘기하면 난리 날 거 아녜요? 오빠를 시켜서 좋은 말로 할 때 여자애들 내보내라, 안 내보내면 거기 경찰 특공대 보낸다고 말하라고 했죠.

🔵편 왜 형사님이 전화하면 더 말을 잘 듣지 않을까요?

🟠윤 요즘 중고등학생들은 경찰관 보낸다고 하면 안 무서워해요. 아주 만만하게 보죠. 근데 경찰 특공대는 무서워해요. 영화에서 보면 경찰 특공대가 헬기에서 줄 타고 총 들고 내려오잖아요. 그래서 헬기로 특공대 보낼 거라고 겁을 줬더니 바로 여자애들 내보낸 거예요. 그런데 여자애들이 전화가 없어서 택시도 못 부르니까 아이 아버지한테 전화해서 인천 어느 오피

스텔 앞으로 카카오 택시 불러서 대기시켜 놓으라고 했어요. 그리고 바로 관할 지구대에 전화해서 거기 가서 여자애가 택시 타는 거 보고 연락해 달라고 요청했죠. 잠시 기다렸더니 지구대장이 여자애가 택시 탔다고 알려왔어요. 그렇게 여학생을 집으로 돌려보냈어요. 학생 어머니가 울면서 잘못했다고 사과하고 고맙다고 인사하고 그랬죠. 며칠 있다가 학생 부모가 빵을 한가득 사 왔어요. 제가 비번이라 출근을 안 했는데 빵도 사고 돈봉투도 가져왔다고 하더라고요. 빵은 뭐 감사의 마음으로 여기고 받겠지만 돈봉투는 안된다고 돌려보냈죠. 그 일 해결하고 보람 있는 일을 했다고 좋아하고 있었는데 얼마 전에 또 그 애가 가출했다고 연락이 왔어요. 저만 믿는다면서 부탁했는데 다행히 그날 저녁에 들어갔더라고요.

(편) 가정불화로 가출한 아이들을 찾아달라는 신고가 많이 들어오는 것 같아요.

(윤) 청소년 가출 신고가 참 많이 들어와요. 신고가 들어오면 어떤 경찰관은 바로 아이가 마지막으로 목격된 현장으로 CCTV 확인하러 가요. 그러면 제가 가서 부모님께 애가 밤 몇 시쯤 들어올 거라고 너무 걱정하지 말라고 얘기할 때도 있어요. 신고 접수되었을 때 정보를 보면 '애는 몇 시간 있다가 들

어오겠네, 애는 내일이나 들어오겠네'하는 감이 오거든요. 처음엔 부모도 다 안 믿죠. 수사하기 싫으니까 그냥 하는 소리라고 생각했다가 실제로 제가 예상한 대로 아이가 들어오면 이제 저한테 고맙다고 인사하러 찾아와요. 얘기를 하다 보면 자연스럽게 아이들이 이러면 어떻게 해야겠냐고 부모님이 물어봐서 상담이 되더라고요. 그래서 이 일을 하면서 부모 상담도 하게 되었어요. (웃음)

🔲 그런 감은 어디서 온다고 생각하세요?

🔲 경험이에요. 아이들 실종 사건도 마찬가지예요. 범죄에 연관됐다거나 자살할 가능성이 있어 보이면 바로 수색을 시작하죠. 그런데 단순 가출의 경우는 부모가 먼저 찾으려고 해야 해요. 요즘엔 112에 신고부터 하죠. 부모들은 집에서 편하게 앉아서 아무런 노력도 안 하고 아이가 왜 가출했는지 생각도 안 해보고 무조건 경찰관이 찾아내라는 사람들도 있어요. 그런 부모를 보면 저는 막 혼내요. 부모가 먼저 찾아볼 생각을 해야지 자기 자식 일에 왜 손 놓고 있냐고요. 그러면 나중에 또 다 찾아와서 고맙다고 얘기해요. 그러면 저도 뿌듯하고 보람이 있죠.

편 이 책을 내자는 제안을 받았을 때 어떤 마음으로 수락하셨나요?

윤 처음에는 책을 낼 생각은 없었어요. 영화 제작에 참여했기 때문에 TV 프로그램에 나갔던 적이 있어서 얼굴이 좀 알려졌어요. 지금도 나와달라는 제안을 받는데 다 거절했어요. 한 번은 어떤 여성에게 전화를 걸어 조사가 필요하니 경찰서로 오라는 말을 전달하려고 이름을 밝혔더니 대뜸 "진짜 윤석호 형사님이세요? 저 형사님 팬이에요."하는 거예요. 아차, 이래서 얼굴과 이름이 알려지면 곤란하구나 싶었죠. 또 TV 프로그램을 통해 형사가 얼굴이 알려지면 피의자들이 알아보고 도망가는 사례도 있어요. 일반 시민보다 범죄자들이 형사가 나오는 프로그램이나 영상을 많이 본다고 하더라고요. 범죄 수법도 배우고 형사 얼굴도 익히는 거죠. 그래서 형사로서 얼굴이 알려지는 건 안 되겠다 싶더라고요. 경찰의 본업에 충실하고 싶은 마음도 있고 해서 얼굴이 나가는 프로그램에는 출연하지 않아요. 마찬가지로 책도 출판하려는 생각은 없었는데 이 책이 범죄를 전문적으로 다루는 책이 아니라 청소년에게 형사라는 직업을 소개하는 책이라 수락했어요. 지금 형사를 지원하는 경찰관이 많지 않은데, 형사에 관심을 가진 청소년에게 도움이 되면 미래의 동료를 만난다는 생각이 들었죠. 또 개인적으로는 어머니가 책을 내보라고 권한 이유도 있었고요. 어머니가 목사님이셔서 책은 어머니가 내고 싶으신데 본인은 그런 기회도 없고 하니까 아들인 저라도 책을 내면 좋겠다고 하셨죠. 그래서 결심했습니다. (웃음) 또 청소년들에게 경찰관이 하는 일을 소개할 수 있는 좋은 기회라고 주변에서 권하기도 했고요.

편 오랜 시간 윤석호 형사님과 인터뷰했는데, 시간 가는 줄 모르고 들었습니다. (웃음) 형사님이 해결하신 사건의 면면을 보면 사건을 해결해야겠다는 집념과 범죄자를 끝까지 추적해 반드시 죗값을 치르게 하겠다는 사명감이 새로운 해결책을 찾아내는 원동력이 되었다는 생각이 듭니다. 그리고 사건을 해결한 후 느끼게 되는 뿌듯함을 공감할 수 있었습니다. 미래세대인 청소년이 형사라는 직업에 흥미를 느끼는 계기가 되기를 바라며 『범죄자를 끝까지 추적해 검거하는 형사』 편을 마칩니다.

범죄자를 끝까지 추적해 검거하는
형사

청소년들의 진로와 직업 탐색을 위한
잡프러포즈 시리즈 78

범죄자를 끝까지 추적해 검거하는
형사

2025년 3월 12일 초판1쇄

지은이 | 윤석호
펴낸이 | 김민영
펴낸곳 | 토크쇼

편집인 | 박성은
표지디자인 | 이든디자인
본문디자인 | 문지현
마케팅 | 신성종
홍보 | 이예지

출판등록 | 2016년 7월 21일 제 2023-000173호
주소 | 서울시 마포구 월드컵북로98, 2층 202호
전화 | 070-4200-0327
팩스 | 070-7966-9327
전자우편 | myys327@gmail.com
ISBN | 979-11-94260-25-7(43190)
정가 | 15,000원